Christian Friedrich Michaelis

Ueber den Geist der Tonkunst

Mit Rücksicht auf Kants Kritik der ästhetischen Urtheilskraft

Christian Friedrich Michaelis

Ueber den Geist der Tonkunst
Mit Rücksicht auf Kants Kritik der ästhetischen Urtheilskraft

ISBN/EAN: 9783743411043

Hergestellt in Europa, USA, Kanada, Australien, Japan

Cover: Foto ©Thomas Meinert / pixelio.de

Manufactured and distributed by brebook publishing software
(www.brebook.com)

Christian Friedrich Michaelis

Ueber den Geist der Tonkunst

Aesthetische
Betrachtungen über die Musik

***

Einleitung

Ueber die Zweckmäßigkeit und Nothwendigkeit einer Anwendung der Kritik des Geschmaks auf die Tonkunst

Auf welchen hohen Grad der Ausbildung die Musik als Kunst immer gestiegen seyn mag, so steht sie doch als Wissenschaft noch auf einer niedrigeren Stufe. Je weiter sich die Kunst ausbreitet, und je mehr sie ihre Produkte vervielfältigt, um so verlegener wird die Kritik des Geschmaks, ihre rechtmäßigen Gränzen zu bestimmen, und ihren unterscheidenden Wirkungskreis anzugeben; aber um so nöthiger wird auch eine strenge und gründliche Prüfung des eigentlichen ästhetischen Gehalts ihrer Werke, um so unentbehrlicher folglich eine genaue Untersuchung der wahren Natur der Musik, ihres Ursprungs, ihrer Bestimmung und ihres Verhältnisses zu andern Künsten. Kurz, wenn ein ächter Geschmack in Bearbeitung und Beurtheilung musikalischer Werke immer herrschender werden, und von der Musik aus seinen wohlthätigen Einfluß auch auf andre Künste verbreiten soll, so darf die Wissenschaft der Musik und insbesondre die ästhetische Tonlehre nicht vernachlässigt werden.

Es ist zwar schon an sich selbst interessant, über die Gründe eines so allgemein verbreiteten Wohlgefallens, als das Wohlgefallen an musikalischen Schönheiten ist, nachzudenken, und einer Erklärung desselben aus subjektiven und objektiven Beschaffenheiten nachzuforschen: aber die Resultate solcher sorgfältig angestellten Untersuchungen sind au? für die Vervollkommnung der Kunst selbst und für die Beurtheilung ihrer Werke nichts weniger als gleichgültig. Wiewohl die Kunsttheorie weder Genie erzeugen, noch Geschmack lehren wird (weil sie Beides voraussetzen muß), so werden doch ihre, von Mustern der Vortrefflichkeit abgenommene, Regeln und Grundsätze das erstere von verführerischen und geschmackwidrigen Abwegen zurükhalten, auch vielleicht manche bisher noch in ihm schlummernde Kräfte wekken,

wekken, den leztern aber zu seiner ursprünglichen
Reinheit und Lauterkeit zurükführen und noch
gründlicher befestigen.

Bei einer Menge von schätzbaren Regeln über
das blos Mathematische und Mechanische
der Tonkunst (gleichsam über den musikalischen
Gliederbau) hat es bisher noch größtentheils
an der gründlichen Anweisung zu einem richtigen
Gesichtspunkte gefehlt, aus welchem man die
Zwekmäßigkeit jener mechanischen Kunstregeln übersehen, und die wahre Bestimmung
der Tonkunst selbst, nach ihren verschiedenen
Gattungen, hätte beurtheilen können. Glücklicher-
weise haben sich die tiefsinnigen Untersuchungen
der kritischen Philosophie auch auf das Gebiet des Geschmacks und namentlich selbst auf die
Tonkunst erstreckt. Wir verdanken der Kritik
der ästhetischen Urtheilskraft von Kant
auch die scharfsinnigsten Untersuchungen und fein-
sten Bemerkungen über das Wesen der Tonkunst,
über ihr Verhältniß zu andern Künsten, und über
die Stelle, welche sie unter diesen nach ihrem
ästhetischen oder intellektuellen Werthe verdient.
Meine Absicht ist, mit der Darstellung der
Kantischen Grundsätze meine eignen

Gedanken über Musik zu verbinden. Mir scheinen die erstern eine noch weitere Verbreitung zu verdienen und in keiner philosophischen Betrachtung der Tonkunst übergangen werden zu dürfen. Meine eignen Beiträge füge ich theils der Erläuterung, theils der Vollständigkeit wegen hinzu, theils auch um die Urtheile sachkundiger und wahrheitliebender Kunstrichter darüber zu vernehmen. Ueberhaupt hoffte ich, für das Interesse denkender Kunstverehrer wenigstens in so fern geschrieben zu haben, als ich in ihnen durch meinen (an sich vielleicht sehr mangelhaften) Versuch neue und lehrreichere Gedanken über ihre Kunst wecken würde.

I

Ueber den Unterschied zwischen der mechanischen, angenehmen und schönen Kunst, in Beziehung auf das Wesen der Musik

Eine ästhetische Untersuchung über das Wesen der Musik hat die Frage zu beantworten, in wiefern sich diese Kunst von den blos angenehmen Künsten unterscheide, und mit welchem Rechte sie, wenigstens von Einer Seite, zu den schönen

gerechnet werden dürfe. Zu unsrer Absicht muß
daher eine Erklärung des Unterschiedes zwischen
der mechanischen, der angenehmen und der
schönen Kunst *) vorausgeschift werden. Dann
werden wir leicht entdecken, ob und in wiefern
der Musik einer oder mehrere dieser Charaktere
zukommen, und mit welchem Rechte sie zu den schö=
nen Künsten gezählt werde.

Die Kunst heist mechanisch, wenn ihr We=
sen nicht in einem freien Spiele des Geistes,
das durch ein Gefühl von Regelmäßigkeit geleitet
wird, sondern in einem durch das Erkenntniß
eines möglichen Gegenstandes bestimmten, und an
gewisse, durch Begriffe vorgestellte, Regeln der
physischen Zwekmäßigkeit gebundenen, theoretisch
festgesezten Verfahren besteht. Unter der ästhe=
tischen Kunst im weitern Sinn kann man die
angenehme und die schöne begreifen. Die me=
chanische hat ihren Namen von ihrer Wirkungs=
art, welche durch die Gesetze des Naturmechanis=
mus wesentlich bestimmt ist, und auf der Er=
kenntniß ihrer Forderungen beruht. Die ästhe=

*) Man vergl. Kant's Krit. der Urtheilskraft, be=
sonders S. 44: Von der schönen Kunst.

tische Kunst wird von ihrer unmittelbaren
Beziehung auf ein Gefühl der Lust so genannt. Während der mechanische Künstler, als
solcher, blos die Hervorbringung eines sinnlichen
Objekts nach erkannten physischen Regeln zur Absicht hat, beabsichtigt der ästhetische Künstler unmittelbar ein Gefühl der Lust, er mag dazu nun-
mehr oder weniger eines gewissen Mechanismus
bedürfen. Das Angenehme der Kunst (im
Gegensatz mit dem Schönen) besteht in ihrer Beziehung auf sinnliche Lust im engern Sinn.
In den angenehmen Künsten, als solchen, wird
das Gefühl der Lust nicht durch die angeschaute
Form (Darstellungsart, Komposition, Gestalt,
Bildung) des Gegenstandes, sondern durch seinen
Stoff, durch seine empfundenen Reize erregt. Ihr Zwek und ihre Gränze ist angenehme Empfindung durch eine belebende Affektion
der Empfänglichkeit des Gemüths. Hierher gehört
der Wiß und die Kunst zu scherzen, hierher gehören die Spiele und vielen Künste des Zeitvertrei-
bes und der muntern und fröhlichen Unterhaltung,
wo Jeder Etwas zu seinem Vergnügen findet, ohne
dem Andern eben nothwendige Einstim-
mung (wie bei dem Schönen) anzusinnen, und
wobei es auf bloße Sinnenempfindung, aber gar

nicht auf die Reflexion des Beurtheilungsvermö-
gens ankommt. Aesthetisch im engern Sinn
heißen die Künste als schöne Künste, welche ein
uninteressirtes Wohlgefallen an der Darstellung vermittelst der Anschauung bewirken.
Durch die schöne Kunst wird ein Gefühl der Lust
erregt, das aus dem uneigennützigen Wohlgefallen an der angeschauten Form des Gegenstandes
fließt, in deren Auffassung die Einbildungskraft
durch sich selbst, folglich frei, mit der Gesetzmäßigkeit des Verstandes übereinstimmt.
Schön ist überhaupt Alles, was in der bloßen
Reflexion über die Form des Gegenstandes,
was weder in der Sinnenempfindung, noch durch
einen Begriff, sondern in der bloßen Beurtheilung gefällt, und zugleich als Objekt eines
allgemeinen Wohlgefallens betrachtet wird.
Das Gefühl der Lust, welches die schöne Kunst
beabsichtigt, ist aber nichts blos Subjektives, tein
bloßes Sinnengefühl, sondern zugleich etwas Objektives, wiefern es aus der Anschauung der
Form, nicht aus dem bloßen Eindrucke des Stoffs
des Gegenstandes entspringen soll. Die schöne
Kunst hat zwar die Hervorbringung eines bestimmten Gegenstandes, zu welcher sie sich mecha-
nischer Mittel bedienen muß, zur Absicht, aber

nicht zur lezten Abſicht: der eigentliche Zweck der
ſchönen Kunſt kann nur eine Darſtellung ſeyn,
die weder um eines Begriffs, noch um eines
Eindruks willen, ſondern blos durch ſich ſelbſt
gefalle.

II

Ueber das Weſen der Muſik

Trägt nun die Muſik den Charakter der ſchönen
Kunſt an ſich, oder iſt ſie deſſelben wenigſtens
fähig? Um dieſe Frage zu beantworten, müſſen
wir uns erſt über das Weſen der Muſik ſelbſt
erklären. Aeſthetiſche Ideen machen den
Geiſt der Muſik aus. Man kann nämlich jedes
Werk der ſchönen Kunſt als Ausdruck äſthetiſcher
Ideen anſehen. Aeſthetiſche Ideen *) ſind
Vorſtellungen der Einbildungskraft (innere An-
ſchauungen), die eine ſolche Gedankenfülle wecken,
welche ſich auf keinen beſtimmten Begriff bringen
und zu keiner Erkenntniß zuſammenfaſſen läßt,

---

*) S. Krit. d. Urtheilskr. §. 49: Von dem Vermögen
des Gemüts, die das Genie ausmachen.

und also blos zur Belebung des Gemüths dient.
Die Einbildungskraft schafft sich gleichsam eine neue
Welt durch analogische Zusammensetzung, Ver=
größerung oder Verringerung und manchfaltige
Abänderung der Gegenstände der wirklichen Natur.
Hierbei ist die Vernunft geschäftig, indem sie uns
mit dem Gefühle unsrer Freiheit und Unabhängig=
keit von der gewöhnlichen Verknüpfung empirischer
Vorstellungen erfüllt und zu neuen Ideenverbin=
dungen emporhebt. Diese Vorstellungen der Ein=
bildungskraft heißen darum Ideen, weil sie über
die gewöhnliche Erfahrung hinausstreben, und
Gegenstände zum Inhalt haben, die nicht unmit=
telbar in derselben Beschaffenheit und Verbindung
in der Wirklichkeit anzutreffen sind. Durch die
ästhetischen Ideen wird das Individuelle idealisiret,
und das Idealische, Allgemeine, Abstrakte indivi=
dualisiret. Das Vermögen zur Darstellung ästhe=
tischer Ideen oder das Genie macht nun in Ver=
bindung mit dem Geschmack den wesentlichen
Charakter des schönen Künstlers aus. Ein
Gedicht ist oft nichts anders, als die freie Ent=
wicklung einer ästhetischen Idee, gleichsam das
sanfte allmähliche Entfalten einer Blume der Fan=
tasie, die mit zahllosen Schönheiten prangt, wel=
che sich nicht beschreiben, sondern nur fühlen lassen.

Ein Tonſtück iſt vom Geiſt äſthetiſcher Ideen belebt, wenn die Energie und das Charakteriſti-
ſche in Harmonie und Melodie unnennbare Gefühle und Vorſtellungen der Einbildungskraft
in uns wecken und uns gleichſam in eine über-
irdiſche Sphäre emporſchwingen. Ein einziger
Ausdruck in der Sprache des Dichters, ein einziger Geſichtszug in dem Gemälde oder in der Bild-
ſäule, ein einziger Ton in der Muſik, kann eine
zahlloſe Menge der intereſſanteſten Vorſtellungen
wecken und die rührendeſte Stimmung hervorbringen. Aus der glücklichen Wahl ſolcher Bilder
und Ausdrücke und Töne, die eine unnennbare
Gedankenfülle veranlaſſen, kurz aus der treffenden
Darſtellung äſthetiſcher Ideen erkennt man das
Genie. Die Einbildungskraft ſteht in äſthetiſcher
Rückſicht und im Gebiete der Kunſt und des Ge-
ſchmaks unter keinem Zwange der Verſtandesbe-
griffe, ſondern ſie muß f r e i ſeyn, um von ſelbſt
dem Verſtande einen fruchtbaren belebenden Stoff
darzubieten, welcher ſeiner Geſezmäßigkeit angemeſſen iſt.

K a n t gründet auf die v e r ſ c h i e d e n e Mit-
t h e i l u n g s a r t der äſthetiſchen Ideen eine Haupt-

eintheilung der schönen Künste *). Diese Mittheilung ist auf dreierlei Art möglich: 1) durch
Worte (Artikulation), 2) durch Gebehrden
(Gestikulation), 3) durch Töne (Modulation).
Diese dritte Mittheilungsart enthält die Sprache durch Töne, als Ausdruck von Empfindungen. Aus jener dreifachen Unterscheidung
ergiebt sich die dreifache Haupteintheilung der schönen Künste in die redende, in die bildende,
und in die Kunst des schönen Spiels mit
äußeren Empfindungen. Wir verlassen die
ersten beiden Klassen, und verweilen unserer
Hauptabsicht zu Folge blos bei der lezten.

Unter Empfindungen werden Veränderungen
verstanden, die durch äußere Sinneneindrükke,
mittelst des Gehörs oder Gesichts, in uns erzeugt
werden. Daher theilt sich diese Klasse in a) Tonkunst und b) Farbenkunst. Die Empfindungen, welche diese Künste erregen, sind zu keinem
Erkenntniß bestimmt, und lassen sich unter
keine Begriffe bringen; das Gemüth wird also
nur spielend mit ihnen beschäftigt, der Zwek

---

*) Krit. d. ästhet. Urtheilskr. §. 51: Von der Ein-
theilung der schönen Künste.

dieser Künste ist kein Geschäft der Empfindung,
sondern Spiel und bloße Unterhaltung.
Das Schöne in der Musik und der Farbenkunst
beruht auf der Komposition, auf der Zusammensetzung der Töne und Farben. Man legt auch
den Farben Ton und Harmonie bei. Ton heißt
überhaupt ihr Charakter in Absicht auf die Spannung oder Stimmung des empfindenden Sinnes.
Harmonie der Farben findet man in den glüklichen
Abstufungen und Zusammenstellungen derselben,
worin alles Harte und widrig Abstechende vermie-
den ist. Die Farbenkunst ist noch zu keiner eignen
schönen Kunst ausgebildet, sondern dient nur als
Hülfskunst zur Malerei und theatralischen Darstellung. Ungleich wichtiger und interessanter ist
die Tonkunst, zu deren besondrer Betrachtung wir
uns immer mehr nähern.

Gehör und Gesicht müssen in Absicht auf Musik und Farbenkunst nicht auf die bloße Empfänglichkeit für äußere Sinneneindrücke eingeschränkt,
sondern zugleich mit einer Reflexion über die
Form in dem Spiele der Empfindungen verbunden seyn. Es giebt Menschen, die blos hören und
sehen, ohne der inneren feineren Reflexion über
die Form des Gehörten und Gesehenen fähig zu

seyn; die blos das Einzelne vernehmen, ohne das Ganze in seiner schönen Zusammensetzung auffassen zu können, für die also die kunstvollsten Kompositionen der Tonkunst oder der Malerei keine Schönheit, kein (aus dieser entspringendes) Interesse, sondern nur in einzelnen Tönen und Farben, oder auch in dem ganzen lebhaften Eindrucke, Annehmlichkeit haben. Das Gehör und Gesicht solcher Menschen kann übrigens zur Wahrnehmung und Erkenntniß des Hörbaren und Sichtbaren die größte Schärfe, Feinheit und Genauigkeit haben, während bei Andern dagegen das leiseste Gefühl des Schönen in Musik und Malerei mit unvollkommneren Sinnwerkzeugen verbunden seyn kann. Zur Form in der Musik kann man die Zeiteintheilung in den Lüftbebungen oder Schwingungen rechnen, wiefern ihre Proportion sich in dunkeln Vorstellungen wahrnehmen läßt. Wenn nun auch an der Musik nicht blos ihr materieller Bestandtheil, ihr Stoff empfunden, sondern auch über ihre Form, Bildung, Komposition reflektirt und geurtheilt werden kann, was nicht zu bezweifeln ist; so hat man Grund, die Musik nicht nur als blos angenehme, sondern auch als schöne Kunst zu betrachten, und also für ein schönes Spiel der Empfindungen zu erklären. Das Wesentliche aller schönen Kunst ist die für die Beobachtung und Beurtheilung zwekmäßige Form, durch welche eine solche Lust erregt wird, die nicht bloßer Genuß, sondern zugleich Kultur ist, und welche Ideen wekt und das Gemüth zu neuen Freuden des Geschmaks belebt und empfänglich macht. Die Schönheit besteht also nicht in der Materie, dem Stoffe der Empfindung, nicht in dem Reize oder der Rührung, worauf nur das Angenehme beruht; folglich ist das Vergnügen an Schönheit kein bloßer Sinnengenuß, sondern es fließt vornehmlich aus einer freien Thätigkeit des Geistes.

Die allgemeine Mittheilbarkeit des Reizes der Musik *) beruht auf den Tönen, durch welche sich menschliche Affekten zu äußern pflegen. Nämlich der Ton unsrer Stimme im Sprechen ist (zumal wo die Natur durch die Kultur noch nicht ganz verdrängt ist) ein mehr oder minder deutlicher Ausdruck unsers Gemütszustandes, ein schwächeres oder lebhafteres Zeichen der Gesinnung, welche unsern Worten zum Grunde

*) Kr. d. Urtheilskr. S. 53. 54: Vergleichung des ästhetischen Werths der schönen Künste unter einander.

liegt. Dieser Ton der Stimme, mit dem wir Et=
was sagen, verräth also auch unsern Affekt, d. h.
die Stimmung unsers Gefühls z. B. zur Traurig=
keit, zur Freude oder zum erhabenen Ernste u. s. f.
Vermöge der Sympathie wird nun in höherem
oder geringerem Grade durch den Ton auch derselbe
Affekt im Hörenden erregt, und dadurch die Idee
ins Bewußtseyn gerufen, welche dem Tone der
Sprache entspricht. Die Modulation ist gleich=
sam eine allgemeinverständliche Sprache
der Empfindungen; denn sie enthält sich aller
zufälligen und willkürlichen Modifikationen artiku=
lirter Töne der Wortsprache, deren Verständlichkeit
enge Gränzen hat. Die Tonkunst übt nun die Mo=
dulation in ihrem ganzen Nachdrucke mit der größ=
ten Stärke und Lebhaftigkeit, als Sprache der
Affekten, aus, und theilt also, nach dem Ge=
setze der Association der Vorstellungen, die in die=
ser Sprache liegenden ästhetischen Ideen allgemein
mit. Die Musik ist in so fern die Sprache der
Affekten. Affekte aber sind Gemütsbewegun=
gen, die sich auf das Gefühl der Lust oder Unlust
beziehen; es giebt Affekte, die ästhetisch= er=
haben sind, z. B. den Zorn, die entrüstete Ver=
zweiflung, oder den Enthusiasmus; andere sind
zärtlich und sanft, und tragen mehr den Charakter

des Schönen an sich. Mit diesen Affekten sind
nun natürlicherweise ästhetische Ideen verbunden,
und diese werden durch den Ausdruck jener, nach
dem Gesetze der Association, allgemein mitgetheilt.
Die ästhetischen Ideen sind keine Begriffe oder
bestimmte Gedanken, sondern Vorstellungen
der Einbildungskraft, welche mehr (wie=
wohl auf eine unentwickelte Art) zu denken ver=
anlassen, als in einen bestimmten Begriff gefaßt
und also durch Wörte verständlich gemacht werden
kann. Solche ästhetische Ideen dienen nicht ob=
jektiv zum Erkenntnisse, sondern subjektiv zur Be=
lebung der Erkenntnißkräfte; denn sie sind Ideen
der Gegenstände für Affekte. In der Form der
Zusammensetzung der Empfindungen besteht die
musikalische Komposition, welche Har=
monie und Melodie in sich faßt, und worin
der Charakter musikalischer Schönheit al=
lein gegründet ist. Sehr wahr bemerkt der scharf=
sinnige Verfasser der geistvollen Beurtheiluug der
Gedichte von Matthisson in der Allgemei=
nen Litteraturzeitung Nro. 298. 1794.,
daß Empfindungen zwar nicht ihrem In=
halte, aber allerdings ihrer Form nach einer
Darstellung fähig seien, und daß eine allge=
mein beliebte und wirksame Kunst kein andres Ob=

jetzt habe, als eben diese Form der Empfindungen.
Nach seinem Urtheile besteht der ganze Effekt der
Musik (als schöner und nicht blos angenehmer Kunst)
darin, daß sie die innern Bewegungen des Gemüts durch analogische äußere begleite und ver-
sinnliche. „Da nun (fährt er fort) jene innern
Bewegungen, als menschliche Natur, nach stren-
gen Gesetzen der Nothwendigkeit vor sich gehen;
so geht diese Nothwendigkeit und Bestimmtheit
auch auf die äußern Bewegungen, wodurch sie ausgedrückt werden, über; und auf diese Art wird es
begreiflich, wie, vermittelst jenes symbolischen
Akts die gemeinen Naturphänomene des Schalles
von der ästhetischen Würde der Menschennatur par-
ticipiren können. Dringt nun der Tonsetzer in
das Geheimniß jener Gesetze ein, welche über die
innern Bewegungen des menschlichen Herzens
walten, und studirt er die Analogie, welche zwischen diesen Gemütsbewegungen und gewissen
äußern Erscheinungen Statt findet; so wird er aus
einem Bildner gemeiner Natur zum wahrhaften
Seelenmaler. Er tritt aus dem Reich der Willkür
in das Reich der Nothwendigkeit ein, und darf
sich, wo nicht dem plastischen Künstler, der den
äußern Menschen, doch dem Dichter, der den

innern Menschen zu seinem Objekte macht, getrost an die Seite stellen. "

Die Komposition ist nun gleichsam die Form einer Sprache, durch welche die ästhetische Idee des Ganzen einer unnennbaren Gedanken= fülle nach einem gewissen Thema, welches den in dem Stück herrschenden Affekt ausmacht, ausge= drückt wird. Melodie ist die Verbindung auf einander folgender Töne zu einem ästhetischen Gan= zen. Harmonie ist die Zusammenstimmung ver= schiedener gleichzeitig verbundener Töne; Mehr= stimmigkeit macht also den Charakter der Har= monie aus, d. h. die Verbindung der Hauptstimme mit einer oder mehreren Nebenstimmen. Die Musik drückt aber die ästhetische Idee jenes Gan= zen einer unnennbaren Gedankenfülle vermittelst einer proportionirten Stimmung der Empfindungen aus. Eine proportionirte Stim= mung der Empfindungen macht das aus, was wir den Ton, die höhere oder niedere Spannung des empfindenden Sinnes nennen, mit Einem Worte die Gemütsstimmung: die Proportion, das Verhältnißmäßige in der Gemütsstimmung, wel= che die Musik ausdrückt, besteht in dem natürli= chen und zusammenhängenden Gange der Empfin=

dungen. Das Verhältniß der Töne, welche die Gemütsstimmung ausdrücken, zu einander und zu dem Charakter des Stücks (welchen das The= ma bestimmt) läßt sich mathematisch be= stimmen und unter gewisse Regeln bringen; denn die größere oder geringere Geschwindigkeit der Luftbebungen oder Schwingungen in der Zeit, welche Harmonie und Melodie einnehmen, kann berechnet werden. Es scheint, als wenn unser Schönheitsurtheil über die Musik sich auf eine Reflexion über diese mathematische Form, deren wir uns jedoch nicht deutlich bewußt werden, gründete. Wir werden uns nämlich einer gewissen Regelmäßigkeit in der Menge durch Harmo= nie und Melodie verbundener Töne, und mithin einer Regelmäßigkeit in diesem Spiele der Empfin= dungen bewußt, welche für die Einrichtung unsrer Erkenntnißkräfte (der Einbildungskraft und des Verstandes), folglich subjektiv zweckmäßig ist; wir verbinden also mit diesem harmonischen Spiele der Empfindungen ein Geschmacksurtheil über die Schönheit der musikalischen Komposition. Allein das Reizende oder Rührende der Musik hängt gar nicht von ihrer mathematischen Form und harmonischen Regelmäßigkeit ab. Die Mu= sik erfreut und rührt uns blos, weil sie mensch=

liche Affekten und Gefühle ausdrückt, weil sie
unser Innerstes, die geheimsten Regungen des
Herzens laut werden läßt und unsrer Sympathie
nahe bringt. Hierzu bedarf sie keiner Regeln der
Harmonie und des Kontrapunktes; der natürliche
Gesang, den das leiseste Gefühl innerer Gemüts-
zustände, verbunden mit einer zauberischen Fantasie,
aus der Seele hervorruft, kann durch keine Regeln
erlernt werden; er selbst aber dient zum Muster und
zur Regel für das noch nicht entwickelte Genie.
Vermittelst der mathematischen Form wird
nun das, was in einer einfachen Melodie die Natur selbst angiebt, fester bestimmt und weiter ausgeführt; die Regeln der Harmonie bestimmen nach
mathematischen Verhältnissen die Proportion der
Eindrücke in ihrer Verbindung und in ihrem
Wechsel; sie bestimmen die, unserm geheimen
(aber immer regen) Bedürfniß nach Symmetrie und Einheit angemessenen, Fort-
schreitungen, Uebergänge, Ausweichungen, und
Verbindungen in Melodie und Harmonie, und
schließen also alles aus, was den Gesetzen des
Ebenmaaßes in kleineren oder größeren Ganzen a
priori sowohl, als durch Erfahrung, widerspricht.
Die mathematische Form dient also als unumgäng-
liche Bedingung der faßlichen und zusammenstim-

menden Verhältnißmäßigkeit der durch Töne be=
wirkten Eindrücke, um dadurch eine bestimmte
Bewegung und Belebung des Gemüts, und, ver=
möge des Mitgefühls für ausgedrückte Affekte,
einen angenehmen Selbstgenuß möglich zu machen.

III

Ueber den ästhetischen und intellektuellen Werth der Musik.

Nach dieser Erörterung über das Wesen der Mu=
sik läßt sich nun die Frage von ihrem ä st h e t i s ch e n
und i n t e l l e k t u e l l e n W e r t h e verständlicher
beantworten *).

Beurtheilen wir den Werth der schönen Künste
blos nach ihrer Gewalt auf das Herz, so ver=
dient die Tonkunst wegen ihres zauberischen Rei=
zes und ihrer rührenden Kraft, wo nicht den o b e r=
st e n Platz unter denselben, doch die nächste Stelle
nach der Dichtkunst, mit der sie überdieß durch den
Gesang sich sehr natürlich und leicht vereinigen

*) Kr. d. U. K. S. 53. 54.

läßt. Welcher Rang der Tonkunst in Ansehung der Schönheit (im Gegensatz mit bloßer Annehmlichkeit) zukomme, wird sich in der Folge zeigen. Musik ist zu betrachten als Sprache des Gefühls in der möglichsten Ausführlichkeit und Lebhaftigkeit. Die Tonkunst unterscheidet sich dadurch von der Poesie, daß sie keine Darstellung durch Worte ist, und keine Begriffe oder Gedanken ausdrückt, folglich auch nicht die Denkkraft beschäftigt, sondern zunächst und unmittelbar durch bloße Empfindungen das Gemüt bewegt. Weil aber Empfinden uns leichter, und daher angenehmer, als Denken ist; so gewährt uns die Musik noch mehr eigentlichen unmittelbaren Genuß als die Poesie. Sie bewegt uns auf die mannichfaltigste Weise, weil die Grade der Empfindung unendlich verschieden, und im Ausdrucke frei und an keine bestimmten Regeln gebunden sind. Die Dichtkunst aber spricht durch Gedanken, ist also durch die Gesetze des Denkens weit mehr beschränkt, während die Musik dem weit freieren und fast regellosen Gange der Gefühle, Affekten und Gemütsbewegungen folgt. Sehr flüchtig und vorübergehend sind die Darstellungen des Tonkünstlers: während das Gemälde oder die Bildsäule vor unsern Augen bleibt, und es nur von uns selbst abhängt, den Blick abzuwenden oder bald auf das Ganze bald auf einzelne Theile des Werks zu richten; eilen die mannichfaltigsten Töne, aus denen wir uns das schönste Ganze schaffen, bei einer gewissen Zudringlichkeit schnell vorüber; ein neuer Ausdruck tiefer Gefühle verweht schon den vorigen, und verschwindet selbst bald vor dem nachfolgenden. Doch giebt es auch etwas Bleibendes in einer großen und wohlausgeführten Musik, nämlich ihren herrschenden Charakter, der den mannichfaltigen Modificationen immer zum Grunde liegt. Weil die Musik Sprache des gefühlvollen Herzens ist, und die Aufmerksamkeit durch keinen äußern Gegenstand zerstreut, sondern ganz in das Innerste der Seele kehrt, bewegt sie das Herz auch inniger, und erweckt eine wärmere Sympathie, als im Ganzen die übrigen Künste. Da sie aber keine Begriffe zu ihrer Darstellung gebraucht, sondern durch lauter unartikulirte Töne die ihnen zum Grunde liegenden oder analogen Gefühle, Gemüthsbewegungen und Leidenschaften ausdrückt; so besteht ihre Wirkung mehr in Genuß, als in Kultur, d. h. sie befriedigt mehr den Trieb nach starker und leichter (mithin lebhafter und ange-

nehmer) Beſchäftigung, nämlich nach Vergnügen;
ſie vermag aber wenig zur Erweiterung der Ver=
mögen, welche in der Urtheilskraft zum Erkennt=
niſſe ſich vereinigen müſſen, beizutragen. Denn
das Gedankenſpiel, was beim Anhören der
Muſik erregt wird, iſt nur zufällige Aſſociation
unbeſtimmter Vorſtellungen. Die Muſik nimt al=
ſo, wenn wir auf K u l t u r und eigentliche S c h ö n=
h e i t ſehen, den letzten Platz unter den ſchönen
Künſten ein, indeß ſie als a n g e n e h m e K u n ſt,
als Kunſt des G e n u ſ ſ e s, den o b e r ſt e n Rang
verdienen dürſte. Aus jenem Geſichtspunkt be=
trachtet, wäre ſie auch der P o e ſ i e an innerer
Würde und Kraft n a c h z u ſ e tz e n. Dieſe erweitert
das Gemüt, indem ſie der Einbildungskraft, wel=
che ſonſt dem Verſtande oder der Sinnlichkeit un=
terworfen iſt, auch mittelſt der Vernunft einen
freien Spielraum eröffnet. Der Dichter belebt die
Gemütskräfte durch ein bloßes Spiel mit Ideen
der Einbildungskraft, welche viel zu denken ver=
anlaſſen, aber auf keinen beſtimmten Begriff ge=
bracht werden können. Er weis den Begriff von
einem Gegenſtande der Sinne oder der Fantaſie
ſo einzukleiden, in ſolchen Bildern auszuführen,
ſo maleriſch darzuſtellen, und ſo nah ans Herz zu
legen, daß eine unnennbare Menge von Gedanken

und Gefühlen dadurch geweckt wird, die nur das
Eigenthum des Gedichtes und des gefühlvollen Hö=
rers oder Lesers desselben bleibt, aber sich nicht
durch bestimmte Ausdrücke der Sprache völlig mit=
theilen und verständlich machen läßt. Das See=
lenstärkende und Herzerhebende der Dichtkunst be=
steht darin, daß sie das Gefühl der Freiheit unsers
Geistes weckt: denn ob gleich der Dichter mit Wor=
ten malet und die Fantasie immer mit sinnlichen
Bildern unterhält, so führt er uns doch durch sie
zu den edelsten und erhabensten Ideen einer gebil=
deten Vernunft: die dichterische Hülle umkleidet
das Uebersinnliche, aus dem Körperlichen athmet
der Geist; Vernunft, Moralität und Freiheit
kündigen sich in dem Sinnlichen an. Wer also
ein schönes Gedicht innig fühlt und zu schätzen weis,
der fühlt sich durch des Dichters sinnliche Sprache
zu mannichfaltigen verwandten Vorstellungen der
Vernunft und Einbildungskraft erhoben, er wird
sich eines Vermögens bewußt, die Gegenstände
der sinnlichen Erfahrung von einer andern Seite
und aus einem weitern und höhern Gesichtspunkte
zu betrachten, und die dichterische Darstellung als
Ausdruck des Uebersinnlichen anzusehen. In dem
freien Spiele mit Ideen der Einbildungskraft,
womit der Dichter unterhalten will, empfängt der

Verstand von selbst zwekmäßige Beschäftigung,
Nahrung und Unterricht.

Aber die Gründe, warum Kant der Musik
den letzten Plaß unter den schönen Künsten
anweiset, dürfen nicht so angesehen werden, als
wenn sie ihr den Plaß unter den eigentlich
ästhetischen (schönen) Künsten überhaupt abstrei=
ten sollten. Ich werde in der Folge auf einige Sei=
ten der Musik aufmerksam machen, welche uns mit
Achtung gegen diese nicht blos angenehme,
sondern auch edle und oft erhabene Kunst er=
füllen, und in der Kantischen Kritik übersehen oder
doch nicht hinlänglich bemerkt worden zu seyn
scheinen. Kant weist der Musik den letzten Plaß
unter den schönen Künsten an, erstens: weil sie un=
ter allen schönen Künsten am wenigsten geschikt sei,
in Ansehung ihres Materials, nämlich ihres sinn=
lichen Mediums, Mittheilungsmittels oder Ve=
hikels, reine Schönheit darzustellen, sondern
nur ein Analogon der Schönheit durch Har=
monie und Melodie darstellen könne, in denen
sie allerdings den Charakter der Schönheit besißt.
Bei dem sichtbaren Gegenstande hat der Geist An=
schauungen vor sich; bei dem hörbaren aber Em=
pfindungen in sich, und keine eigentlichen An=

schauungen; hier rührt ihn mehr der Sinnen=
reiz, wenn ihn dort die Form der Schönheit
beschäftiget. Zweitens setzt Kant eben darum die
Musik auf die unterste Stufe der schönen Künste, weil
Sinnenreiz, Rührung und Annehmlich=
keit in ihr stärker wirken, als die Schönheit.
Daher sind auch wohl die Liebhaber der Musik
zahlreicher, als die Freunde der übrigen Kün=
ste; denn Gefühl für das Angenehme ist
weit allgemeiner, als Gefühl für das Schöne,
und gewiß fühlen ungleich mehrere blos das Sü=
ße und Wohlthätige, als das Große und
Schöne in der Musik. Als angenehmer
Kunst weist ihr auch Kant mit Recht den ober=
sten Rang an. In wiefern die Tonkunst blos
einen Genuß des Angenehmen gewährt, und für
den Genuß, durch welchen das Gemüt nicht er=
schlaffen und abgestumpft werden soll, ein beständ=
diger Reiz der Neuheit begehrt wird; in so
fern bedarf sie einer unerschöpflichen Mannich=
faltigkeit und Abwechslung und ist daher
auch unter allen Künsten so sehr der Laune der
Mode unterworfen. Je mehr ein musikalisches
Stück bloßen eigentlichen Genuß, und je weniger
es Kultur gewährt, um so weniger verträgt es
häufige Wiederhohlung, ohne Ueberdruß

und Ekel zu erregen. Je leerer ein Stück an aus-
drucksvoller Melodie und kräftiger Harmonie ist,
in welchen eigentlich seine Form besteht und der
Charakter der Schönheit gefunden werden kann,
je leichter wir es daher oft sogleich bei dem ersten
Anhören auffassen, und je süßer es zugleich unsern
Ohren und den Ohren des großen Haufen schmei-
chelt, um so eher werden wir, bei einer häufigen
Wiederhohlung, des Stücks müde werden, wenn
zumal der edlere Trieb unsers Geistes durch bloßen Sinnengenuß sich so wenig befriedigt fühlt.
Auch bei der Musik scheint es, wenigstens dem gebildeten Geschmack größere und dauerhaftere Befriedigung zu gewähren, wenn er die verborgenen
Schönheiten sich selbst entwickeln kann,
als wenn sie sich gleichsam sogleich von selbst dar-
bieten und aufdringen. Daher ist es nicht selten
das Kennzeichen einer Musik voll inneren tiefern Gehaltes und großer Schönheit
und von meisterhafter und gründlicher Durchfüh-
rung, wenn sie uns, oder noch mehr dem großen
Haufen, bei dem ersten Anhören nicht sogleich
ganz einnimt, wenn sie nicht Jedem in jeder
Gemütsstimmung sogleich durchgänglg gefällt.
Denn dafür gewährt sie eine desto dauerhaftere
Unterhaltung; fast bei jeder neuen Aufführung

entwickeln sich dem beobachtenden Geiste neue
Schönheiten, die er anfangs nicht zu fassen ver=
mochte; eine solche Musik erweckt immer wieder
von neuem die Aufmerksamkeit, und wir fühlen
uns durch sie gestärkt und für neue Schönheiten
empfänglicher gemacht.

Kant zieht, was die Kultur und Erweite=
rung der Erkenntnißkräfte betrifft, auch die bil=
denden Künste der Tonkunst vor. Er behaup=
tet nämlich, sie spiele blos mit Empfindungen,
und gehe von denselben zu unbestimmten
Ideen über, während die bildenden Künste von
bestimmten Ideen zu Empfindungen fortgehen.
Und die bildenden Künste seien in Ansehung der
Kultur deswegen der Musik weit vorzuziehen,
weil sie Werke hervorbringen, durch die ein freies
und dem Verstande angemessenes Spiel der Ein=
bildungskraft bewirkt, die Sinnlichkeit mit dem
Verstande in Vereinigung gebracht und gleichsam
die Urbanität der obern Erkenntnißkräfte befördert
wird. Reine Schönheit kann weit mehr durch
bildende Kunst, als durch Musik, dargestellt wer=
den, weil sich in das Anhören der letzteren immer
mehr Sinnenreiz und folglich Interesse am Ange=
nehmen einmischt. Die Musik rührt die meisten

Menschen durch den Ausdruck der Affekte und durch
den Reiz der Töne zu sehr, als daß sie fähig wä-
ren, über ihre Schönheit, welche nicht in ihrer
Materie, sondern nur in ihrer Form, d. h. in
der Komposition und Darstellung als bloßer Darstellung, besteht, unbefangen ein reines uninteressirtes Geschmacksurtheil zu fällen. Die bloße Gestalt aber an den anschaulichen Objekten der bildenden Kunst läßt sich in einem hohen Grade von
allem Sinnenreiz trennen, rein darstellen und
wahrnehmen. Hier ist also freies Wohlgefallen
an der schönen Form des Gegenstandes weit eher
möglich, als in der Musik, welche immer zu nahe
Beziehungen auf unser Herz hat, als daß
wir so leicht ein uninteressirtes, freies und daher
allgemeingültiges Geschmacksurtheil über ihre
Schönheit fällen könnten. Die bildende Kunst
versinnlicht gleichsam das Uebersinnliche morali-
scher Ideen in sichtbarer Darstellung. Die Musik
ist der Bestimmtheit gar nicht fähig, welche den
redenden und bildenden Künsten eigen ist. Ihre
Werke sind überdieß von vorübergehendem
Eindrucke, während die Produkte der bildenden
Künste etwas Bleibendes und Beharrliches darstellen. Auch ist die Erinnerung an schöne
Werke der bildenden Künste eine angenehmere

Unterhaltung der Einbildungskraft, als die unwillkürlich wiederhohlten Empfindungen gehör-
ter Musiken, welche uns im Gegentheil oft lästig
und beschwerlich sind.

IV

Ueber die Beurtheilung musikalischer Kompositionen.

Die Beurtheilung einer Naturschönheit als
eines schönen Gegenstandes, das Wohlgefallen an der schönen Natur, setzt keinen Begriff
voraus von dem, was sie seyn oder vorstellen solle;
dieß entspringt vielmehr aus der bloßen Anschauung der Form für sich selbst, ohne Beziehung auf irgend einen Zweck, als Bestimmungsgrund des ästhetischen Wohlgefallens +). Aber die
Kunstschönheit d. h. die schöne Darstellung
eines Gegenstandes, kann nicht als Kunstschönheit beurtheilt und mit Wohlgefallen betrachtet

+) Krit. d. U. K. §. 48. Vom Verhältnisse des Genies zum
Geschmack.

C

werden, ohne daß ein Begriff von dem innern Zweck des Dinges, d. h. von dem, was dasselbe ſeyn und vorſtellen ſolle, dabei vorausgeſetzt würde. Die Beurtheilung der Kunſtſchönheit erfodert alſo einen Begriff von der innern Zweckmäßigkeit oder Vollkommenheit des dargeſtellten Dinges, weil unter Kunſt immer ein Zweck des Künſtlers angenommen werden muß, und die Erreichung oder Verfehlung des Zwecks einen Beſtimmungsgrund unſers Urtheils über die Vollkommenheit oder Unvollkommenheit des Kunſtwerks ausmacht, von welchem doch unſer äſthetiſches Wohlgefallen an einer wenigſtens vorgeblichen Kunſtſchönheit zum Theil abhängt. So beſtimmen wir z. B. unſer Urtheil über ein muſikaliſches Werk, das als Sonate, Sinfonie, Konzert, Fuge u. d. gl. angekündigt worden iſt, durch den Begriff von der erreichten oder verfehlten Abſicht des Künſtlers. Unſer Urtheil über muſikaliſche Schönheit kann aber überhaupt auf doppelte Weiſe beſtimmt ſeyn: entweder wir nehmen auf gar keine beſtimmte Bedeutung, auf keinen innern Zweck einer Kompoſition Rückſicht, und beurtheilen die Muſik als freie, unbedingte Schönheit, gleichſam als Naturſchönheit, als ſchönen Gegenſtand überhaupt: oder wir be-

urtheilen dagegen die Mufik unter dem Begriffe von ihrer beftimmten Bedeutung,
mithin als ein beftimmtes Tonftück, und denn betrifft das äfthetifche Wohlgefallen nicht mehr eine
ganz freie, fondern eine (durch den Begriff von
dem innern Zweck des Stücks) bedingte Schönheit. Wir können daher einer Mufik von einer
Seite unfern Beifall geben, von der andern aber
verfagen. Wir können z. B. fagen: die Mufik an
fich ift fchön, nur als Sonate u. d. gl. gefällt fie
uns nicht; wir geben ihr dann als freier; für fich
beftehender Schönheit unfern Beifall, verfagen
ihr denfelben aber, fo fern wir ihre Schönheit als
bedingt oder abhärirend betrachten. Einem Gegenftande, der nicht unter der Bedingung eines
beftimmten Begriffs für fchön erklärt wird, kömmt
freie unbedingte Schönheit zu. Das Wohlgefallen an demfelben ift von dem Zwange des Begriffs von demjenigen, was der Gegenftand feyn
folle, frei. Der freien oder für fich beftehenden
Schönheit fetzt Kant die anhängende, abhärirende, oder bedingte, entgegen, wiefern
diefe einen Begriff von dem, was das Objekt
feyn foll, und die Vollkommenheit deffelben nach
diefem Begriffe vorausfetzt. Ein reines, unver-
mifchtes, blos durch fich felbft, blos durch Schön-

heit als Schönheit bestimmtes Geschmacksurtheil
kann nur über freie Schönheiten gefällt werden.
Musikalische freie Fantasien, selbst alle
Musik ohne Text, wiefern wir sie nicht nach
bestimmten Begriffen von der Bedeutung und Beziehung der Tonstücke beurtheilen, gehören zu den
freien unbedingten, durch sich selbst gefallenden Schönheiten*). Abhärirende oder
bedingte Schönheiten gefallen zwar als Schönheiten auch durch sich selbst in der unmittelbaren
Anschauung oder Auffassung, aber sie erfordern
Uebereinstimmung mit dem bestimmten Begriffe
von dem Wesen und Zweck des Gegenstandes, um
diesem selbst das Prädikat der Schönheit er-
werben und zusichern zu können. Wir gestehen
z. B. die Schönheit einer Musik oder einzelner
Sätze und Gänge derselben ein; nur als Trauer-
musik finden wir die Komposition, nur in einem
Kirchenstück angebracht, finden wir die einzelnen

---

*) Krit. d. U. K. §. 16. „Die Zeichnungen a la Grec, das
Laubwerk zu Einfassungen, oder auf Papiertapeten u. s. f.
bedeuten für sich nichts: sie stellen nichts vor, kein Objekt
unter einem bestimmten Begriffe, und sind freie Schönheiten. Man kann auch das, was man in der Musik
Fantasien (ohne Thema) nennt, ja die ganze Musik
ohne Text, zu derselben Art zählen."

Sätze und Gänge nicht schön. Die Regeln aber, welche aus dieser Verbindung des ästhetischen Wohlgefallens mit dem intellektuellen hergeleitet werden, sind keine eigentlichen Geschmacksregeln, sondern Anweisungen, den Geschmack mit der Vernunft, das Schöne mit dem Guten zu vereinigen. Diese Regeln sind allerdings dem Künstler zu empfehlen, weil er seine Werke für vernünftige Wesen bestimmt, und die Vernunft nicht beleidigen darf, ohne zugleich die Harmonie der ihr untergeordneten Gemütskräfte zu stören, und folglich seinem eigenen Zwecke schöner Darstellung und ungetheilten Beifalls entgegen zu arbeiten.

Manche Uneinigkeit in Beurtheilung ästhetischer und insbesondere mufikalischer Werke läßt sich heben, wenn man das an sich Schöne von dem in seiner Art Schönen unterscheidet. Es kann nämlich Jemand blos auf die mit einem Gegenstande verbundene zufällige Schönheit Rücksicht nehmen und sein Wohlgefallen daran äußern, indem der Andre den Gegenstand selbst nicht schön findet, entweder weil er auf die unwesentliche Schönheit keine Rücksicht nimmt, oder weil er sie mit dem Begriffe von der Bedeutung und Bestimmung des Objekts für streitend erkennt:

und so würde der Eine (wie sich Kant ausdrückt) nach dem, was er vor den Sinnen, der Andere nach dem, was er in Gedanken hat, urtheilen; der Eine würde eine freie, der Andere eine anhängende Schönheit in Betrachtung ziehen; der Erstere ein reines, freies, der Zweite ein bedingtes Geschmacksurtheil fällen wollen. Die Beurtheilung freier Schönheit (gleichsam einer Naturschönheit oder eines schönen Gegenstandes überhaupt) setzt nur Geschmack d. h. schlechthin Gefühl fürs Schöne, voraus; aber die Beurtheilung der bedingten Schönheit (der eigentlichen Kunstschönheit als solcher) erfordert außer dem Geschmack Kenntniß der Bestimmung, des innern Zwecks des dargestellten Gegenstandes, und zugleich Rücksicht auf die Idee und Absicht des Künstlers, mit Einem Wort: Kunstkenntniß. Daher die Verschiedenheit zwischen Urtheilen bloßer Liebhaber und wirklicher Kenner der Musik.

V

Ueber die Bildung des sittlichen Gefühls, als Grund einer feineren Empfänglichkeit für musikalische Schönheiten.

Weil unsre moralische Beschaffenheit nur zum geringeren Theile durch Begriffe und deutlich erkannte Grundsätze, zum größten Theil aber durch bloße (sittliche) Gefühle bestimmt wird, so ist es wohl erklärlich, wie eine Kunst welche Begriffe und Gedanken weder zum Mittel noch zum Zweck ihrer Wirksamkeit hat, mit unsrer Sittlichkeit im Zusammenhange stehen könne. Das ursprüngliche moralische Gefühl betrachte ich als eine Wirkung der praktischen Vernunft oder als Aeußerung des uneigennützigen Triebes. Aus diesem Gefühle entwickelt der, mittelst des Bewußtseyns desselben freie selbstthätige Geist, in rastlosem Streben, eine immer höhere Sittlichkeit. Seine nicht ganz fruchtlose Thätigkeit in diesem Geschäfte nimmt er in der sittlichen Stimmung wahr, welche er durch moralische Selbstthätigkeit über sein Herz zu verbreiten und darin zu erhalten bemüht gewesen ist. Einer solchen sittlichen Stimmung liegt das moralische Gefühl selbst, als erste Aeußerung der praktischen Ver-

nunft, zum Grunde; diese kündigt sich in demselben unwillkürlich an; jene entspringt aus
dre Freiheit des Willens. Die sittliche Stimmung des moralischen Gefühlvermögens verbreitet
sich nun, je herrschender sie wird, um so mehr über
die ganze sinnliche Natur des Menschen. Sie
drückt sich also auch äußerlich, nach Beschaffenheit der Organisation, mehr oder weniger in
dem Tone der Sprache, und überhaupt in allen
äußeren Bewegungen aus. Wir setzen aber auch
unter ihren Zeichen bei Andern eine solche sittliche Stimmung voraus, und um so mehr, je inniger wir uns ihrer in uns selbst bewußt sind.
Sie kündigt sich uns also in gewissen Beschaffenheiten der Töne an; Analogie und Einbildungskraft ergänzen, was in unsern Wahrneh-
mungen noch mangeln möchte, und eine moralische Sympathie, das geheime Band edler Seelen,
leitet die Töne, die wir als Ausdruck sittlicher Gefühle auslegen und begierig aufnehmen, in unser Herz.

Es giebt Tonstücke, die ganz vorzüglich den lau-
tern, reinen Sinn athmen, der alle Aeußerungen einer liebevollen, menschenfreundli-
chen, und zugleich erhabenen Seele belebt.
Unsre Brust erhebt und erweitert sich bei dem An-

hören derselben; wir sehen dann gleichsam ganz
unser Inneres, unser edleres Selbst, vor dem wir
nicht erröthen dürfen, dargestellt; wir fühlen
uns selbst gestärkt zu neuer, lebendigerer Hu-
manität. Die Gefühle, welche die Musik in
einer sittlich gestimmten Seele erregt, kommen denen sehr nahe, zu welchen uns die Betrachtung der schönen landschaftlichen
Natur erhebt. In der freien Natur wird uns
so wohl, unser Herz erweitert sich; und wir fühlen
uns hinausgesetzt über die selbst auferlegte Sklave-
rei, über kindische Eitelkeit, Thorheit und Eigen-
sinn kleinlicher, in ihre Mauern eingeschränkter
und auf diese Schranken gleichsam stolzer, Menschen. Offenherzige Güte, Aufrichtigkeit und Red-
lichkeit ist da unser einziger Wunsch, und wir sehen
uns nach Menschen um, mit denen wir diese reinen Naturfreuden theilen könnten. *) Ueberhaupt

---

*) Schön und wahr sagt daher die Verfasserin der Lettres
  sur les ouvrages et le caractere de I. I. Rousseau etc. 1789,
  im fünften Briefe:

  „Rousseau liebte die melancholischen Melodien, und
  auf dem Lande ist diese Art von Musik diejenige, nach
  der man sich am meisten sehnt. Die ganze Natur scheint
  die klagenden Töne einer rührenden Stimme begleiten zu
  wollen. Aber man muß eine sanfte und reine Seele haben

sind die Künste, wenn sie nicht das Geistige gleichsam versinnlichen und moralische Ideen

für diesen Genuß. Einem Menschen, den das Andenken seiner Fehler beunruhigt, muß die Schwermut unerträglich seyn, in die eine rührende Melodie ihn versenkt. Ihr dem würde ich mich leicht anvertrauen, den die Musik, die Blumen, die Natur ergötzen.«

— Folgendes Fragment eines, nie in Rousseaus Werken abgedruckten Briefes (s. v. Archenholzens Minerva, März. 12. II. 1792. überschrieben: Aus einem Schreiben von Eduard Bomston) scheint hier einen schicklichen Platz zu finden:

3 Uhr nach Mitternacht

— — „Meine Leidenschaft für Musik ist Ihnen bekannt. Eduard liebt nichts blos halb. In jener Kirche, die Ihnen so lieb ist, wurde gestern Abends das Miserere von Jomelli aufgeführt. Ich war dort, versteckt in einem Winkel unsrer kleinen Kapelle, um daselbst meine ganze Aufmerksamkeit zu sammeln, und alle Kräfte meines Geistes zu fühlen. Es ist ein wahres Wunder der Kunst. Welche Simplicität und welche Tiefe! Himmlische Stimme! Eine reiche, majestätische, hinreissende, feierliche Musik! Sie ist weit schöner, weit erhabener, als das Stabat Mater von Pergolesi, das man noch gar nicht hinlänglich bewundert hat. Meine Seele ward ganz durchwühlt; welche Erinnerungen lasteten sich von neuem auf mein Herz! Es war, als thürmten sich Gebirge auf meine Brust. Ich hätte mein von Thränen beschwemmtes Gesicht in den Staub beugen können. Doch fühlte ich, daß diese Erhebung des

entweder ausdrücken oder doch veranlassen, oder
auch nur eine sittliche Gemütsstimmung beleben
und unterhalten, und. also mit moralischen
Ideen nah oder fern verbunden werden, des Na=
mens schöner Künste kaum werth, und sie ver=
lieren für den verständigen Mann ihre Würde und
Schätzbarkeit, ungeachtet hierbei keinesweges eine
Verwechslung des moralischen Wohlgefallens. mit
dem blos ästhetischen zum Grunde liegt. Sie die=
nen alsdann zu keinem bleibenden und stärkenden
Vergnügen, sondern zur bloßen kurzweiligen Be=
lustigung und Unterhaltung, welche den Geist ei=
gentlich doch leer läßt, und zu keinen Ideen zu er=
heben vermag, durch welche seine moralische
Selbstzufriedenheit befördert würde.

Die Werke der Tonkunst (im edleren Sinn)
fließen aus der gemeinschaftlichen Quelle alles

Herzens, diese so reine, so vollkommene Reue, dieß so tie=
fe, innige Fühlen, und diese so brennenden Schmerzen,
die mir diese Herz zerreißende Musik verursachte, Verzei=
hung für alle Verirrungen, für alle Fehltritte, und selbst
für ein Verbrechen erhalten mußten. Als alle Falten mei=
nes Herzens sich unvermerkt unter meinen Blicken entwik=
kelt hatten, ging ich aus diesem Zustande des niederbeu=
genden Seelenschmerzes zu angenehmeren Empfindungen
über. Ich dachte an meine einzig innigst Geliebten! an
Sie, Saint=Preux, und an Julie!"

Schönen, was menschliche Kunst schafft und bildet,
aus dem zarten Gefühl eines hohen und edeln Gei=
stes. Die sanften und zärtlichen, oder die ernst=
haften und erhabenen Melodien, und all die inni=
ge Verbindung einer Mannichfaltigkeit von Tö=
nen, was sind sie anders, als Ausdruck von Ge=
fühlen und Gemütsbewegungen, Ausdruck der
Ruhe, der Freude, des Ernstes, der Traurigkeit
und ähnlicher Gefühle, welche entweder Gründe
oder Folgen gewisser Ideen sind?

Wir müssen aber, um ihre Werke nicht unge=
recht zu beurtheilen, Unbefangenheit und
reine sittliche Gesinnung in denen voraus=
setzen, welche ihre Kraft und Würde und Schön=
heit fühlen und schätzen sollen. Ein gewisser lau=
terer Sinn ist es, der allen schönen Kunstwer=
ken den leichtesten Eingang in das menschliche Herz
verschafft, reine und sanfte, jedoch lebendige Bil=
der der Fantasie hervorruft, und den Geist zu rich=
tigen Urtheilen leitet. Wie fähig ist nicht dieser
reine Sinn, alle Arten der Musik richtig und leb=
haft zu fühlen! Wie ergötzt ihn nicht z. B. der
musikalische Ausdruck ländlicher, sanfter Fröhlich=
keit und Einfalt! denn unzählige Bilder edler Ein=
fachheit und schuldloser Glückseligkeit erfüllen da

die Seele. Wie innig iſt nicht auch der Ausdruck
der Traurigkeit, des Ernſtes oder der feierlichen
Ruhe in ſchöner muſikaliſcher Darſtellung für ein
gebildetes gefühlvolles Herz! So erhebt ſich der
Geiſt über den Sturm der Leidenſchaften in einer
energiſchen wilden Muſik (eines Händel, Mozart, oder Hayden) durch die moraliſchen
Ideen ſeiner Vernunft, und äſthetiſches Wohlgefallen an dem erhabenen Ausdrucke miſcht ſich mit
dem hohen (moraliſchen) Gefühl menſchlicher Würde und Selbſtſtändigkeit.

Während aber für fröhliche Melodien faſt
Jeder empfänglich iſt, haben doch nur wenige
Sinn für den Ausdruck des Majeſtätiſchen
und Erhabenen in der Muſik. Denn (ohne
hierbei auf das frühere jugendliche Alter Rückſicht
zu nehmen; in welchem die ſittliche Anlage, die
Bedingung aller erhabenen Gefühle, noch nicht
zur völligen Entwicklung gekommen ſeyn kann,
und daher Gefühl für's Erhabene nicht gefodert
werden darf) eine majeſtätiſche, feierliche und erhabene Muſik kann in keiner kleinen Seele Eingang finden, die ſie vielmehr entweder als fremd
gar nicht rührt, oder mit einem ſchmerzhaften Gefühl niederſchlägt, und das Bedürfniß der Sinn-

lichkeit nur noch stärker fühlen läßt, während ein
veredelter Geist voll Bewunderung und Staunen
bei einem so großen Meisterwerke der Tonkunst
weilt, und sich im Anhören desselben moralisch er=
hoben und gestärkt fühlt.

Hier scheint eine Stelle aus der erwähnten
schätzbaren Recension der Matthissonschen
Gedichte (Allg. L. Zt. N. 298. 1794.) einen
schicklichen Platz zu finden. „In thätigen und
„zum Gefühl ihrer moralischen Würde erwachten
„Gemütern (bemerkt der Rec. vortreflich) sieht die
„Vernunft dem Spiele der Einbildungskraft nie=
„mals müßig zu; unaufhörlich ist sie bestrebt, die=
„ses zufällige Spiel mit ihrem eigenen Verfahren
„übereinstimmend zu machen. Bietet sich ihr nun
„unter diesen Erscheinungen eine dar, welche nach
„ihren eigenen (praktischen) Regeln behandelt
„werden kann; so ist ihr diese Erscheinung ein
„Sinnbild ihrer eigenen Handlungen, der todte
„Buchstabe der Natur wird zu einer lebendigen
„Geistersprache, und das äußere und das innere
„Auge lesen dieselbe Schrift der Erscheinungen auf
„ganz verschiedene Weise. Jene liebliche Harmo=
„nie der Gestalten, der Töne und des Lichts, die
„den ästhetischen Sinn entzücket, befriedigt jetzt

„zugleich den moralischen; jene Stetigkeit, mit
„der sich die Linien im Raume oder die Töne in
„der Zeit an einander fügen, ist ein natürliches
„Symbol der innern Uebereinstimmung
„des Gemüts mit sich selbst und des sitt-
„lichen Zusammenhangs der Handlun-
„gen und Gefühle, und in der schönen Hal-
„tung eines pittoresken oder musikalischen Stücks
„malt sich die noch schönere einer sittlich ge-
„stimmten Seele.

„Der Tonsetzer und der Landschaftma-
„ler bewirken dieses blos durch die Form ihrer
„Darstellung, und stimmen blos das Gemüt zu
„einer gewissen Empfindungsart und Aufnahme
„gewisser Ideen, aber einen Inhalt dazu zu fin-
„den, überlassen sie der Einbildungskraft des Zu-
„hörers und Betrachters. Der Dichter hingegen
„hat noch einen Vortheil mehr; er kann jenen
„Empfindungen einen Text unterlegen, er kann
„jene Symbolik der Einbildungskraft zugleich
„durch den Inhalt unterstützen und ihr eine be-
„stimmtere Richtung geben. Aber er vergesse nicht,
„daß seine Einmischung in dieses Geschäft ihre
„Gränzen hat. Andeuten mag er jene Ideen,
„anspielen jene Empfindungen; doch ausführen

„ſoll er ſie nicht ſelbſt, nicht der Einbildungskraft
„ſeines Leſers vorgreifen. Jede nähere Beſtim=
„mung wird hier als eine läſtige Schranke empfun=
„den; denn eben darin liegt das Anziehende ſol=
„cher äſthetiſchen Ideen, daß wir in den In=
„halt derſelben, wie in eine grundloſe Tiefe blik=
„ken. Der wirkliche und ausdrückliche Gehalt,
„den der Dichter hineinlegt, bleibt ſtets eine end=
„liche; der mögliche Gehalt, den er uns hineinzu=
„legen überläßt, iſt eine unendliche Größe.

––––––––––

VI

Ueber die Unbeſtimmtheit des muſikaliſchen Ausdrucks und über
den Begriff der Muſik.

Man hat der Muſik die Unbeſtimmtheit ih=
res Ausdrucks oft eben ſo ſehr zum Vorwurfe
machen wollen, als ihre Verſuche in dem, was
man muſikaliſche Malerei nennt. „Em=
„pfindungen und Leidenſchaften“ (ſagt der ſcharf=
ſinnige Recenſent von Hrn. Prof. Heydenreich's
Syſtem der Aeſthetik Leipzig 1790. in Beziehung
auf die darin angeſtellten ſchätzbaren Betrachtun=

gen der Tonkunst, in d. Neuen Biblioth. der sch.
Wiss. 43, 2. 1791.) „Empfindungen und Leiden=
„schaften können eine Zeitlang ununterbrochen
„und unverändert in der Seele fortdauern: Töne
„können unverändert nicht fortdauern, oder sie
„werden uns unerträglich. Ihre Veränderlichkeit
„ist weit größer, als die unsrer Empfindungen.
„Und eben dieß macht wohl eine der Schwierigkei•
„ten des musikalischen Ausdrucks und eine der Ur=
„sachen seiner Dunkelheit aus, daß die Modulatio=
„nen und Gänge sich unaufhörlich verändern müs=
„sen, wenn sie dem Ohr nicht misfallen sollen, und
„daß sie doch unverändert dieselben bleiben sollten,
„wenn sie dem Gemüt einen bestimmten Affekt tief
„und stark genug sollten einprägen. Melodie und
„Tonleiter bleiben, auch in demselben Tonstücke,
„nicht unverändert: und Takt und Zeitmaaß be=
„zeichnet nicht eine bestimmte Empfindung so ge=
„nau, daß Einheit des Ausdrucks durch die Ein=
„heit jener beiden Stücke erhalten würde.

„Wenn wir nach der Wirkung der Musik auf
„uns von ihrer Wirkung überhaupt urtheilen dür=
„sen; so sind Fröhlichkeit und Schwermut
„die beiden Empfindungen, welche sie am bestimm=
„testen ausdrückt und am leichtesten einflößt, und

D

„unter den feineren Schattirungen sind es die,
„aus dem Eindurcke des Feierlichen und Erha=
„benen, mit dem Eindrucke einer sanften
„Freude oder einer sanften Schwermut zu=
„sammengesetzten Empfindungen der Andacht.

„Warum müssen aber (fragt der philosophi=
„sche Kunstkenner) die Empfindungen oder die
„Summe und Vereinigung derselben, der Zu=
„stand der Empfindsamkeit, welchen Kunst=
„werke darstellen, überhaupt etwas Bestimm=
„tes seyn? Ist dieß der Fall insbesondre bei der
„Tonkunst, wo in der That der musikalische Aus-
„druck der Leidenschaften unbestimmt ist? Es ist dieß
„einer der Vorwürfe, die man dieser Kunst macht,
„aber mit Unrecht. Wenn es in der menschlichen
„Natur solche Empfindungen, solche Zustände der
„Rührung und der Begierde giebt, von denen wir
„uns selbst nicht Rechenschaft zu geben wissen,
„warum soll es nicht auch eine Kunst geben, die
„als eine Dollmetscherin und Lenkerin dieser unbe=
„stimmten Regungen des menschlichen Herzens
„auftrete, nur diese ausdrücke, nur auf Erwe-
„ckung derselben losarbeite? Sie sind, ihrer Dun-
„kelheit ungeachtet, auch für die bestimmten und
„mit mehr Bewußtseyn verbundenen Eindrücke

„und Bestrebungen, und also für Vernunft und
„Sittlichkeit wichtig, weil sehr viel bei den ab-
„sichtlichen und durch Ideen gelenkten Aeußerungen
„unsrer Kraft auf die Stimmung unsers Gemüts
„ankömmt, mit der wir an dieselbe gehen. Und
„diese Stimmung hängt gerade in hohem Grade
„von solchen unnennbaren Gefühlen ab, derglei-
„chen der musikalische Ausdruck darstellt und bear-
„beitet.

Diesen treffenden Bemerkungen erlaube ich
mir noch Folgendes beizusetzen. Ein Kunstwerk
soll durch die Schönheit seiner Form, mithin durch seine innere Vollendung, nicht
aber um fremder Beziehungen willen, wohlgefallen. Die Schönheit der Kunst kann also auch
nicht in ihrer mittelbaren oder unmittelbaren Beziehung auf moralische Veredlung bestehen,
wenn wir Schönheit nicht mit objectiver äußerer
Zweckmäßigkeit d. h. mit Nützlichkeit verwechseln
wollen. Nur darf das Kunstwerk nicht die Vernunft beleidigen, darf nicht unmoralisch seyn; jedoch ist dieß an sich kein Gesetz der Aesthetik, sondern ein Gesetz der Moral. Die Aesthetik sorgt
blos für Schönheit der Darstellung, und muß
freilich auch Alles, was das ästhetische Vergnügen

stören würde (und dahin gehört das, was in sei=
nem wesentlichen Charakter die Moralität verletzt),
entfernen. So verlöre auch die Musik an ihrem
eigenen (ästhetischen) Werthe, als blos schöne
Kunst, nichts, wenn sie auch zur sittlichen Bildung
wenig oder gar nichts, oder doch nichts unmittel=
bar, beitragen sollte. Im Gegentheil ist es aber
bekannt (und wir haben auf diesen intellektuellen
Werth der Tonkunst aufmerksam gemacht), daß sie
sich sehr wohl mit religiösen und erhabenen Ideen
einer gebildeten Denkungsart in Verbindung brin=
gen und zu Beförderung einer moralischen Gemüts=
stimmung gebrauchen lasse.

Das Unbestimmte der musikalischen Dar=
stellung liegt zum Theil in den Gefühlen und
Gemütsbewegungen selbst, welche die Musik
ausdrückt. Denn diese vermischen sich mannichfaltig,
sind dunkel; und lassen sich nicht eher unterscheiden,
als bis sie auf einen sehr hohen Grad gestiegen
sind. Zwischen dem Traurigen und Fröhlichen ꝛc.
giebt es unzählige Grade des Zunehmens oder
Abnehmens. Das Erheben oder Niedersenken des
Tons, die Schnelligkeit oder Langsamkeit in der
Aufeinanderfolge der Töne, und die allmähliche
oder plötzliche Abwechslung derselben u. s. f., alles

dieß dient zum Ausdrucke eines Gemütszustandes, den keine Worte zu schildern im Stande sind. Uebrigens ist aber in musikalischen Werken nicht Alles auf den Ausdruck gewisser Gefühle und Gemütsbewegungen zu berechnen. Es giebt eine gewisse Symmetrie und bewundernswürdige Regelmäßigkeit in der Musik, welche uns um so mehr zu vergnügen scheint, je mehr sie zu gleicher Zeit den Anschein von bloßer Natur und Zufälligkeit behauptet. Uns gefällt durch eine schnelle Reflexion der Urtheilskraft das Verhältnißmäßige, Mathematische, Symmetrische, Geordnete und Planmäßige, das wechselseitig Bezogene in der Musik. Hierher gehören die wunderbaren harmonischen Verbindungen in der gebundenen musikalischen Schreibart, z. B. in den Fugen eines J. Sebast. Bach oder Händel. Sehr glücklich verband der unsterbliche A. W. Mozart den innigsten Gefühlsausdruck mit der kunstvollsten Symmetrie in den sogenannten Nachahmungen, harmonischen Umkehrungen und dgl. Aeußerungen seines musikalischen Tiefsinns. Endlich giebt es auch gewisse Werke oder wenigstens gewisse Theile der Musik, durch welche nicht sowohl Gefühle ausgedrückt, oder symmetrische und einander korrespondirende Verbindungen in Tönen mitgetheilt,

als vielmehr gewisse, freilich auch auf das Gefühl
bezogene, Ideen einer begeisterten Fantasie dargestellt werden. Die Erklärung der Musik als einer hörbaren und verschönerten
Darstellung menschlicher Gefühle und
Leidenschaften, scheint mir daher zu enge zu
seyn, und gewisse große Werke der Tonkunst, welche bald größeren bald geringeren Theils ohne Bezug auf ausgedrückte Gefühlszustände, blos durch
die innere Anordnung, Zusammensetzung und
Verhältnißmäßigkeit, zum Theil auch durch die
natürliche Schönheit der einzelnen oder verbundenen Melodien uns gefallen, oder endlich solche
Werke der Musik oder einzelne Theile derselben
auszuschließen, die der eigentlichen musikalischen Malerei angehören, und mehr Schilde-
rungen der Fantasie, als Ergießungen des Herzens, sind.

Vielleicht könnte man die Tonkunst erklären,
als die Kunst, durch mannichfaltige Verbindung der Töne das Gefühl zu rühren,
die Fantasie zu beleben und zu beschäf-
tigen, und das Gemüt zu Ideen des
Schönen und Erhabenen zu stimmen:
oder kürzer: als die Kunst, durch verbunde-

ne Töne unmittelbar ästhetische Gefüh=
le und mittelbar ästhetische Ideen zu er=
regen. Dieß ist sie in Hinsicht auf ihre eigen=
thümlichen Wirkungen. Von Seiten ihres.
innern Wesens besteht sie in modificirter
Darstellung der hörbaren Natur, dem Ge=
setz der vereinigten Mannichfaltigkeit
gemäß in Form und Stoff bestimmt. Der
Stoff macht die natürliche Beschaffenheit, die
Höhe oder Tiefe, Rauhheit oder Sanftheit der
Töne selbst aus. Die Form des musikalischen
Stoffes besteht in dem Zeitmaas, in der nach be=
sondern Regeln bestimmten Stärke oder Schwäche,
und in der gleichzeitigen oder aufeinanderfolgenden
Verbindung der Töne.

VI

Von den verschiedenen Bestandtheilen der Tonkunst und dem verschiedenen Vergnügen an ihren Werken.

An der Musik ist erstens ihre mechanische
und physische, und zweitens ihre ästheti=
sche Beschaffenheit zu unterscheiden. Die tech=
nisch=praktischen Regeln für jene gehen die

Reinheit und eigenthümliche phyſiſche Schönheit und Annehmlichkeit,. überhaupt die Naturvollkom⸗ menheit der Töne, ſo wohl an ſich ſelbſt, als in der melodiſchen Aufeinanderfolge und harmoniſchen Verknüpfung, und in der angemeſſenſten Dauer und Zeiteintheilung an, in wiefern dieß die erſten Bedingungen der Möglichkeit des höheren äſthetiſchen Vergnügens ſind, welches in ſeiner Form nicht durch die Unvollkommenheit des Stoffs geſtört und gehindert werden darf, ſondern durch ihn ſelbſt vielmehr gleichſam hervorgehoben werden ſoll. Aus dieſer Unterſcheidung folgen zweierlei Begriffe der Tonkunſt: erſtens der Begriff der mechaniſchen oder phyſikaliſchen Natur derſelben, als Kunſt, die Töne in ihrer größten Reinheit, in der dem Ganzen angemeſſenſten Dauer, Zeiteintheilung, Aufeinanderfolge und Zuſammenſtimmung anzuwenden (daher die Lehre vom Vortrage, von Rhythmus, Melodie und Har⸗ monie ꝛc.): zweitens der Begriff ihrer äſthe⸗ tiſchen Natur, in Bezug auf das Schöne und Erhabene, als Kunſt, Melodie und Harmonie zu dem wahrſten Ausdrucke intereſſanter und allge⸗ mein mittheilbarer Gefühle, und zur kräftigſten Darſtellung einnehmender und hoher Ideen der Fantaſie anzuwenden (daher die Lehre von der

Komposition; insbesondere von dem Verdienst des Charakteristischen, Gefühlvollen und Leidenschaftlichen, von der musikalischen Malerei zc.).

In einem Tonstücke läßt sich Zweierlei unterscheiden: erstens die Materie, der Stoff der Empfindung, d. h. dasjenige, was den Sinn afficirt, das Gemüt rührt und bewegt, ohne Rücksicht auf Ausdruck, Plan und Komposition der Musik: zweitens die Form, nämlich die Komposition und der innere Charakter des Stücks, die Verbindung, Verwicklung und Entwicklung der Töne, kurz das, was sich mathematisch berechnen läßt, und durch eine schnelle, aber undeutliche, Reflexion wahrgenommen zu werden scheint.

Das erwähnte Materielle des Stücks erfüllt das Herz mit dunkeln Gefühlen und Regungen, und der minder geübte und gebildete Zuhörer wird oft darüber der schönen Komposition, welche die Form ausmacht, gar nicht gewahr. Kant unterscheidet im 14. §. seiner Krit. der Urtheilskraft mit Recht den Reiz der Materie von der Form, und legt der Materie Annehmlichkeit, der Form aber Schönheit bei; von jener leitet er Sinnenlust oder sinnliches, von der Form aber freies ästhetisches Vergnügen und Kultur des Gemüts her. „Daß (sagt er) „die Reinheit der Farben sowohl als der Töne, „oder auch die Mannichfaltigkeit derselben und „ihre Abstechung, zur Schönheit beizutragen „scheint, will nicht so viel sagen, daß sie darum, „weil sie für sich angenehm sind, gleichsam einen „gleichartigen Zusatz zu dem Wohlgefallen an der „Form abgeben, sondern weil sie diese letztere „nur genauer, bestimmter und vollständiger an= „schaulich machen, und überdem durch ihren Reiz „die Aufmerksamkeit auf den Gegenstand selbst er= „wecken und erheben.‟

Hieraus läßt sich die Verschiedenheit des Vergnügens erklären, das verschiedene Men= schen aus einer Musik schöpfen. Manche werden durch die bloße Annehmlichkeit der Töne (mit der sie es nicht einmal sehr genau nehmen) sehr vergnügt, wenn auch alle Schönheit der Komposition vermißt wird. *) Andre werden

---

*) Bei manchen Völkern vermißt man alle Empfänglichkeit für Kunstschönheiten. Das Gehör der Sinesen und übri= gen südlichen Asiaten entspricht (wie Hr. Meiners) in einer Abhandlung über die Natur der Ostindischen Völker im VII. B. d. 2. St. des Götting. histor. Magazins 1790.

einer solchen geistlosen Musik bald müde, weil die
Schönheit der Form, die bewundernswürdige Zu=
sammenstimmung, (die innere Angemessenheit der
Harmonie, der Melodie und des Rhythmus, man=
gelt, wodurch die Einbildungskraft und der Ver=
stand harmonisch beschäftigt werden. Das Wohl=
gefallen an der Form, an der schönen Komposition,
ist bei manchen so lebhaft, daß sie darüber die Un=
vollkommenheit des Stoffes wenig oder gar nicht
bemerken; auch schafft sich oft die Einbildungskraft
bei dem bloßen Notenlesen die lebhaftesten

S. 290. 291. erzählt) durch seine Grobheit dem Gesichte
vollkommen, und ihre Musik ist daher auch ihrer Malerei
und Baukunst vollkommen ähnlich. Die musikalischen In=
strumente der Ostindischen Völker sind eben so roh, und ihr
Gesang ist eben so einfach, als die Instrumente und der
Gesang der Neger und Amerikaner (Du Halde III. 328, und
Loubere I. 207. u. ff). Unter den europäischen Instrumen=
ten machen allein die Trompete, die Trommel und die Or=
gel einigen Eindruck auf die Ohren der Sinesen und ihrer
Nachbarn. Europäische Concerte hingegen hingegen scheinen
ihnen eben solche Verwirrungen von Tönen, wie die Euro=
päischen Gemälde unordentliche Klumpen von Farben, zu
seyn, weil sie für die Harmonie von beiden gleich unem=
pfänglich sind. Mit der Musik der südlichen Asiaten steht ihre
Dichtkunst und Wohlredenheit im genauen Verhältniß. Die
letztern sind wenigstens so elend, als die erstere es ist (Lou=
bere p. 184. 185.)

Freuden muſikaliſcher Begeiſterung, Freuden, die
ein erfindungsvoller Tonſetzer am häufigſten fühlen
mag, ohne des hörbaren Stoffes, der wirklichen
Töne, zu bedürfen, welche nur ein Vehikel,
ein bloßes Mittheilungsmittel ſeiner aus-
nehmenden Ideen zu ſein ſcheinen.

Freilich kann der Geiſt einer ſchönen Kompoſition einen vollkommenen Stoff auch am an-
mutigſten beſeelen: Uebereinſtimmung zwiſchen Stoff und Form, zwiſchen Inhalt und
Darſtellung, iſt eine weſentliche Bedingung voll-
kommener Kunſtwerke. Die Form, das Geiſtige,
Seelenvolle der Kompoſition muß das Mechaniſche,
Materielle, den Stoff der bloßen Töne gleichſam
bewältigen, ſich ſelbſt unterwerfen und ganz an-
paſſen: dieß iſt zu einem leichten und ſchönen, vollkommenen muſikaliſchen Vortrage nothwendig,
und die Reinheit, der Wohlklang und verſchiedene
Charakter der Töne müſſen ſich der Form, der Kompoſition, gleichſam von ſelbſt anſchmiegen, und
ihren Abſichten entgegen kommen — wenn ein in
ſich vollendetes Ganze, ein vollkommenes Kunſt-
werk, den Geiſt mit ungeſtörtem Wohlgefallen erfüllen ſoll. Allein unbeſeelt von dem Geiſte des
Tonſetzers gleichen auch die angenehmſten Töne
einem lebloſen ungebildeten Stoffe.

Auch auf die Mufik läßt sich das anwenden, was Kant im 43. §. der Krit. der Urtheilskraft von den freien Künsten überhaupt bemerkt, daß nämlich in ihnen „allen dennoch etwas Zwangs„mäßiges, oder, wie man es nennt, ein Mecha„nismus erforderlich sei, ohne welchen der Geist, „der in der Kunst frei sein muß und allein das „Werk belebt, gar keinen Körper haben und gänz„lich verdunsten würde." Zu diesem Mechanismus kann man den Rhythmus und Takt ꝛc. rechnen. „Es giebt keine schöne Kunst (fährt Kant „im 47. §. fort), in welcher nicht etwas Mecha„nisches, das nach Regeln gefaßt und befolgt „werden kann, und also etwas Schulgerechtes, „die wesentliche Bedingung der Kunst ausmachte. „Denn Etwas muß dabei als Zweck gedacht wer„den; sonst kann man ihr Produkt gar keiner „Kunst zuschreiben, es wäre ein bloßes Produkt „des Zufalls. Um aber einen Zweck ins Werk zu „richten, dazu werden bestimmte Regeln erfodert; „von denen man sich nicht frei sprechen darf. Da „nun die Originalität des Talents ein (aber nicht „das einzige) wesentliches Stück vom Charakter „des Genies ausmacht, so glauben seichte Köpfe, „daß sie nicht besser zeigen können, sie seien auf„blühende Genies, als wenn sie sich vom Schul

„zwange aller Regeln los sagen, und glauben,
„man paradiere besser auf einem kollerichten Pfer=
„de, als auf einem Schulpferde. Das Genie kann
„nur reichen Stoff zu Produkten der schönen
„Kunst hergeben, die Verarbeitung desselben und
„die Form erfodert ein durch die Schule gebilde=
„tes Talent, um einen Gebrauch davon zu machen"
„der vor der Urtheilskraft bestehen kann." — Wen=
den wir dieß auf die Musik an; so ergiebt sich daraus
die Wichtigkeit der Regeln vom Kontrapunkt
und überhaupt von der Harmonie für den Kom=
ponisten, und die Nothwendigkeit der Regeln
vom guten Vortrage für den ausübenden
Tonkünstler.

Ferner läßt sich noch ein andrer Unter=
schied in dem Wesen und der Wirkung
der Musik bemerken, welcher sich gewissermaßen
auf jene obige Unterscheidung in das Formelle
und Materielle zurückführen läßt. Manche
vernehmen nämlich die Musik mehr leidentlich,
andre mehr selbstthätig. Der Grund davon
liegt oft in der verschiedenen Art der Musik selbst,
in wie fern sie im ersten Fall mehr das Herz
rührt, aus dem sie selbst floß, im andern Fall aber
mehr die Fantasie in Schwung setzt. Die er=

stere Gattung ist ein einfacher Ausdruck menschlicher
Gefühle und Gemütsbewegungen. Die andre Gattung ist selbst mehr das Werk der begeisterten Fantasie, als des gerührten Herzens, und besteht vornehmlich in der sogenanten musikalischen Malerei und Nachahmung der Natur, und in den
bewundernswürdigen Wendungen, Verbindungen,
Uebergängen und Ausgängen der Harmonie. Ob
gleich jede dieser Gattungen für sich bestehen
kann, so werden sie doch oft mit Glück verbunden:
jene sanftere wird bisweilen durch die lebhaftere
erhoben, damit das Gemüt in neuen Schwung
gesetzt werde: oder diese feurige Musik verliert sich
in die sanftere, um den angestrengten Gemütskräf-
ten gleichsam Erhohlung zu geben.

VIII.

Ueber die Beschaffenheit des Vergnügens an den Werken
der Tonkunst überhaupt.

Ob nun gleich das Vergnügen, welches die Tonkunst gewährt, bei den Meisten, denen nicht weniger Bildung des moralischen, als des ästhetischen,

Gefühls mangelt, nichts mehr als Sinnenluſt, und daher von keinem beſondern Werth iſt; ſo ſcheint mir doch die Behauptung ganz falſch, daß überhaupt die Muſik am Ende nichts als ein körperliches Vergnügen, nichts als bloße Sinnenluſt, oder Geſundheitsgefühl beabſichtigen und bewirken könne. Zwar hat Annehmlichkeit und Sinnenreiz in ihr vielleicht mehr Antheil, als in irgend einer andern ſchönen Kunſt: aber unbefangene Kenner derſelben werden ihr gewiß auch nicht wahre Schönheit und den Ausdruck des Erhabenen abſprechen können. Was Kant alſo in folgenden Stellen von der Muſik ſagt, kann (wie ſich aus dem Uebrigen ergiebt) nicht von der Muſik, als ſchöner Kunſt (zu welcher er ſie doch ſelbſt rechnet), ſondern muß von dem bloßen muſikaliſchen Zeitvertreibe in Geſellſchaft, beſonders von der Tafelmuſik (die er ſelbſt erwähnt), großentheils auch von der gewöhnlichen Tanzmuſik zu verſtehen ſeyn. Er ſagt nämlich, da er von den vergnügenden Spielen geſprochen hat (in der Schlußanmerkung des erſten Abſchnitts der Kritik d. äſth. Urtheilskraft): „Muſik iſt eine Art des „Spiels mit äſthetiſchen Ideen, die blos durch „ihren Wechſel und dennoch lebhaft vergnügen

„können; wodurch sie ziemlich klar zu erkennen
„geben, daß die Belebung darin blos körper=
„lich sei, ob sie gleich von Ideen des Gemüts er=
„regt wird, und daß das Gefühl der Gesundheit,
„durch eine jenem Spiele korrespondirende Be=
„wegung der Eingeweide das ganze für so fein
„und geistvoll gepriesene Vergnügen einer aufge=
„weckten Gesellschaft ausmache. Nicht die Be=
„urtheilung der Harmonie in Tönen, die mit ih=
„rer Schönheit nur zum nothwendigen Vehikel
„dient, sondern das beförderte Lebensgeschäfft im
„Körper, mit Einem Wort das Gefühl der
„Gesundheit (welche sich ohne solche Veran=
„lassung sonst nicht fühlen läßt) machen das Ver=
„gnügen aus, welches man daran findet, daß man
„dem Körper auch durch die Seele beikommen und
„diese zum Arzt von jenem brauchen kann. In
„der Musik geht dieses Spiel von der Empfindung
„des Körpers zu ästhetischen Ideen (der Objekte
„für Affekte), von diesen alsdann wieder zurück,
„aber mit vereinigter Kraft auf den Körper.“

Alles dieses ist blos von dem Tonspiele, als
einem Mittel zum bloßen Sinnenvergnü=
gen zu verstehen, wohin auch die Tafelmusik
zu rechnen ist, die Kant im 44. §. erwähnt, als

„ein wunderlich Ding bei großen Gelagen, wel=
„ches nur als ein angenehmes Geräusch die Stim=
„mung der Gemüter zur Fröhlichkeit unterhalten
„soll, und, ohne daß Jemand auf die Kompo=
„sition derselben die mindeste Aufmerksamkeit ver=
„wendet, die freie Gesprächigkeit eines Nachbars
„mit dem andern begünstigt.“

IX.

Musikalische Werke sind Werke des Genies *)

Ungeachtet die schöne Kunst in ihren Darstellun=
gen f r e i sein muß, und nur durch eine freie und
von selbst mit dem Verstande übereinstimmende
Beschäftigung der auffassenden Einbildungskraft
Wohlgefallen erregen kann, so kann sie doch, in
Ansehung des Stoffs und der Hülfsmittel, zu ih=
ren Zweck eines gewissen M e c h a n i s m u s nicht

*) Man vergleiche K a n t ' s K r i t. d. U r t h e i l s k r a f t
§. 45. Schöne Kunst ist eine Kunst, so fern sie zugleich Natur
zu seyn scheint. §. 46. Schöne Kunst ist Kunst des Genies.
§. 47. Erläuterung und Bestätigung obiger Erklärung vom
Genie. §. 48. Vom Verhältnisse des Genies zum Geschmack.

entbehren, welcher gleichsam die sichtbare oder
fühlbare Hülle ihres Geistes bildet, und ihre über-
sinnlichen Ideen versinnlicht; oder doch überhaupt
zur äußern Zusammensetzung und Bildung ihrer
Werke nothwendig ist. Zu diesem Mechanismus
gehören in der Musik unter andern der Rhythmus
und die Hervorbringung der mannichfaltigsten Töne
auf den verschiedensten Instrumenten. Solche
mechanische Mittel, die auf materiellen Gegen-
ständen beruhen und sich sinnlich behandeln lassen,
können gelehrt und mitgetheilt werden; die
Fertigkeit in ihrer Anwendung heißt man die
Kunstgriffe verstehen. Der Besitz des Kunst-
griffs, der mechanischen Fertigkeit, macht bei wei-
tem noch keinen eigentlichen, keinen schönen Künstler, wenn ihm der Geist der Kunst, wenn ihm
Genie fehlt. Die Verarbeitung des Mechanischen, die Veredlung des Stoffes durch die Form,
des Sinnlichen durch das Uebersinnliche, setzt Gefühl fürs Schöne (Geschmack) und Genie voraus.

Eine wichtige Lehre für Tonsetzer sowohl als für
Virtuosen ist es, daß die schöne Kunst und folglich
auch die Musik als solche, wenn sie dem Zwecke
schöner Darstellung nicht selbst entgegenarbeiten
will, die Absicht zu gefallen nicht merkbar

werden lassen darf. So etwas verrathen z. B.
zu häufige Wiederholungen gewisser
Lieblingsgänge in der Musik, zu lange,
zu gekünstelte und zu häufige Kadenzen,
oder Verzierungen u. d. gl. Affektation
mehr. Der Anschein von Eitelkeit und Zudringlichkeit beleidigt unsre Vernunft und stört das freie
Gefühl des Schönen. Die Freiheit der Einbil-
kraft im Auffassen des Tonstücks würde gestört
werden, wenn wir veranlaßt würden, dasselbe
nach dem Zweck des Gefallens zu beurtheilen, wenn
also der Begriff von der Erreichung oder Verfehlung eines äußern Zwecks unser Urtheil bestimmte.
In diesem Falle würden wir auf Geschicklichkeit und Vollkommenheit ausgehen, und
dadurch das reine Gefühl der Schönheit einbüßen
müssen. Das Schöne gefällt aber nicht durch die
erkannte Tauglichkeit des Gegenstandes zu irgend
einem Zweck, nicht durch den Begriff seiner Brauch-
lichkeit, sondern durch die bloße, von der darstellen-
den Einbildungskraft aufgefaßte, und dem Verstande angemessene, Form des Objekts. Ein schönes Kunstwerk (und also auch ein musikalisches)
soll so in sich selbst vollendet sein, daß es ein völli-
ges, innig verbundenes Ganzes ausmacht, daß
gar nichts von dem Mechanismus des Künstlers,

gar nichts von den Kunstregeln oder der Schulform
hervorschimmert, sondern ein Werk der Natur
vor uns zu liegen scheint. Wir nennen dasjenige
Natur, was durch sich selbst nothwendiger Weise
so und nicht anders beschaffen ist, und uns an sich
auf keine äußere, durch Freiheit nach gewissen
Zwecken wirkende, Ursache hinweiset, sondern seine
Regelmäßigkeit und Gesetzmäßigkeit bewußtlos in
sich selbst hat. Die schöne Darstellung schließt also
alles Unnatürliche, Gesuchte, Gekünstel-
te, Studirte aus, und soll bei aller Pünkt-
lichkeit in der innern Anordnung und Regelmäßigkeit doch keine Peinlichkeit, keine müh-
same Einrichtung verrathen, so viel die erste Ver-
nehmung, den unbefangenen Sinn und den reinen
Genuß des Schönen angeht.

Freilich läßt sich ein schönes Tonstück auch aus
dem Gesichtspunkte des Fleißes, des Talents
und der Geschicklichkeit des Künstlers betrachten; davon ist aber hier nicht die Rede. Die
Schönheit schließt allen Zwang aus, und die
Freiheit im Spiele der Einbildungskraft, im
harmonischen Verhältniß zum gesetzmäßigen Verstande, ist ihr wesentlicher Charakter. Das musikalische Stück muß sich also wie ein absichtlo-

ses, aber in sich selbst vollendetes Naturpro=
dukt ausnehmen, wenn wir gleich (sobald wir
es durch Vernunft betrachten) wissen, daß es
ein Werk der Kunst ist. Um dieser Beschaffenheit
willen setzt auch die Tonkunst, als schöne Kunst,
Genie voraus.

Genie ist das Talent, die Naturgabe, wel=
che der schönen Kunst die nicht mechanischen, durch
keine Begriffe, sondern durch bloße Gefühle be=
stimmten Regeln der Schönheit giebt. Da Schön=
heit eine subjektive Zweckmäßigkeit ist, die durch
keine Begriffe, sondern durch bloße Gefühle
beurtheilt wird; so kann das Genie keine Begrif=
fe von den Regeln angeben, welche, zur Hervor=
bringung nicht des blos Mechanischen, sondern
des eigentlich Schönen angewendet werden. Das
musikalische Genie, wie jedes andre Kunstgenie,
verfährt nach Regeln, ohne sich ihrer selbst be=
stimmt bewußt zu sein. Ein unbekannter Drang
des Geistes, ein hinreißendes Feuer der Fantasie,
bringt Werke hervor, welche allgemeine Bewun=
derung erwecken, aber ihrer eigentlichen Entste=
hung nach dem Künstler eben so unbegreiflich, als
seinem Publikum, sind.

Die eigentliche Kunst der schönen Kompo=
sition läßt sich also weder lehren, noch er=
lernen. Der Komponist kann die innere Ver=
fahrungsart bei dem Hervorbringen seines Ton=
stücks nicht angeben. Nicht bestimmte Begriffe,
sondern Gefühle, nicht kalte Ueberlegung, son=
dern feurige Begeisterung, leiteten ihn. Das
Urtheil über die Schönheit einer musikalischen
Komposition, als ästhetischen Kunstwerks, kann
keinesweges auf einem Begriff von seiner Ent=
stehungsart und der objektiven oder subjektiven
Zweckmäßigkeit, und also überhaupt auf keinem
Begriffe beruhen. Da nun doch ohne Beobach=
tung einer gewissen Regelmäßigkeit kein Kunstpro=
dukt möglich ist, und der Künstler sein Urtheil über
die hervorzubringende Schönheit seines Werkes
nicht auf den Begriff von einer darin anzuwenden=
den Regel, als solcher, gründen kann; so muß die
Natur im Künstler der Kunst die Regel geben,
d. h. das schöne musikalische Kunstwerk kann nur
ein Produkt des Genies sezen. Der Tonsetzer
muß zwar von dem Werke, das er äußerlich hervor=
bringen will, von der Darstellung selbst eine Vor=
stellung haben: aber man kann deswegen nicht sa=
gen, daß seinem Kunstprodukte bestimmte Begriffe
zum Grunde lägen. Denn er ist gewissermaaßen

im vorzüglichen Sinn schon Künstler durch die
bloße Idee seiner Einbildungskraft; er darf nun=
mehr nur getreu das Bild seines Geistes darstellen.
Aber die Idee, welche dem Wesen seines hervor=
zubringenden Kunstwerkes zum Grunde liegt, die
ästhetische Idee seiner Einbildungskraft ist kein in
der Anschauung bestimmter Begriff von dem Ob=
jekte, als einem erkennbaren Dinge; diese ästheti=
sche Idee ist ein ursprüngliches Erzeugniß sei=
nes Geistes, ein ursprünglicher Ausdruck des Ge=
nies, dem gar keine Begriffe von Regeln und Zwe=
cken zum Grunde liegen können, da vielmehr der
Darstellung dieser Idee der Einbildungskraft
allererst die Regeln als Mittel zur Ausführung
bieten müssen. Der Tonkünstler ist also nicht in
der ursprünglichen Idee seiner Komposition, son=
dern nur in der auszuführenden Darstel=
lung derselben an Begriffe von gewissen Re=
geln und Mitteln zur befriedigenden ausdrucksvol=
len Darstellung seines Werkes gebunden. Der
Tonkunst also selbst und ihrem ursprünglichen, im
Geiste aufgeblühten, Produkte liegt kein Begriff
zum Grunde; sie kann blos Kunst des Genies
seyn. Genie ist nämlich ein Talent, eine Na=
turfähigkeit, dasjenige hervorzubringen, wozu sich
keine bestimmte Regel geben läßt. Genie unter=

scheidet sich daher von der Geschicklichkeitsan-
lage und von der erworbenen Fertigkeit zu
dem, was nach irgend einer Regel gelernt werden
kann. Originalität also, Eigenthümlichkeit muß seine erste wesentliche Eigenschaft seyn,
d. h. das Vermögen, aus der Fülle seiner selbst zu
schöpfen, selbst gleichsam zu schaffen, selbst darzustellen. Diese Originalität des Kunstgenies muß
zugleich musterhaft seyn und Andern zur Nachfolge oder zur Regel der Beurtheilung dienen können. Das musikalische Genie kann aber nicht angeben, wie die Idee seiner Komposition in ihm
selbst entstanden und zur Ausbildung gekommen
sei; kann also die Hervorbringung und Anordnung
solcher Tonstücke nicht durch bestimmte Begriffe
wissenschaftlich Andern zur Erlernung mittheilen,
hat es sogar selbst nicht zu jeder Zeit in seiner Gewalt, solche Werke hervorzubringen, welche blos
den Augenblicken einer glücklichen, aber unfrei-
willigen, Begeisterung zu verdanken sind. Das
Genie ist die Sprache der Natur, von der es
gleichsam beseelt wird. Begeisterung ist der
rechte Ausdruck für den Zustand des Tonkünstlers,
als hervorbringenden Genies. Begeisterung ist
die unwillkürliche Erhöhung und Belebung der Gemütskräfte zur Darstellung eines schönen Gegen-

ſtandes. Begeiſterung iſt der Name für die ihrem
Urſprunge nach unbekannten Regungen des ſchöpfe-
riſchen Geiſtes, die er blos ausdrücken, oder ſinn-
lich andeuten und ſymboliſch darſtellen, aber nie in
Begriffe faſſen und eigentlich wiſſenſchaftlich mittheilen kann.

Nachahmungsgeiſt iſt dem Genie gerade
entgegengeſetzt, und bloße Gelehrigkeit kann nicht
für Genie gelten. Erlernung iſt blos ein Ver-
dienſt des Nachahmers: Originalität aber
das Glück des Genies. Geiſtvolle Dichtungen,
kühne und bewundernswerthe Darſtellungen der
bildenden Künſte, und der herzerhebende Ausdruck
der Muſik laſſen ſich nie erlernen. Vorſchrif-
ten und Muſter dienen nur, die Funken des
Genies anzufachen oder die Flammen der Begeiſterung zu mäßigen, aber ſie können nicht die Funken der Begeiſterung ſelbſt ſchaffen, nicht ſelbſt das
Genie hervorbringen.

X

Ueber Nachahmungssucht in der musikalischen Komposition

Die Kantischen Ideen von der Originaliät und Unerreichbarkeit des Kunstgenies überhaupt lassen sich auch auf das Gebiet der Musik anwenden. Die vorzüglichsten, welche hierher gehören, sind ungefähr folgenden Inhalts *).

Musterhaft ist die Originalität des Genies nicht sowohl zur Nachahmung, als vielmehr zur Nachfolge für ein andres Genie, dessen Geist durch die Produkte des ersteren nicht hervorgebracht, sondern blos zum Gefühl seiner eigenen Originalität geweckt wird. Doch dienen die Werke des Genies als Muster der Nacheiferung für andere gute Köpfe, und die Regeln, welche man aus ihrer Beschaffenheit hergeleitet hat, werden als Kunstregeln aufgestellt, in wiefern man einsieht, daß von Beobachtung derselben die Vollkommenheit der hervorzubringenden

*) Krt. d. Urtheilsk. §. 49; Von den Vermögen des Gemüts, die das Genie ausmachen.

Werke abhängt. Nachäffung tritt an die Stelle der Nachfolge und Nachahmung, wenn der Schüler blos auf die genaueste Aehnlichkeit hinarbeitet, ohne sich um die wahre Vollkommenheit zu bekümmern, wenn er also sogar die Fehler und Mängel mit nachmacht, welche man nur dem Genie zu gute halten mußte, weil es mit der Vermeidung dieser Unvollkommenheiten zugleich der Stärke und Originalität seiner Ideen würde geschadet haben. Die Auswüchse des Genies sind nie musterhaft oder nachahmungswürdig, wenn sie gleich bei dem Genie um der Kühnheit seines Geistesschwunges willen, mit welcher die genaueste Regelmäßigkeit und Richtigkeit nicht wohl bestehen konnte, oder um der übrigen großen Vollkommenheiten willen, mit Nachsicht beurtheilt werden.

Eben so fehlerhaft und geschmackwidrig ist die Nachäffung, welche sich im Manieriren zeigt. Das Manieriren besteht nämlich in dem Nachahmen der eigenen Manier, des besondern Charakters, der Originalität des Künstlers, und gleichsam des Buchstabens seiner Werke, ohne den Geist, die innere Kraft und Hohheit desselben erreichen zu können. Werke, die (im eigentlichen, engern Verstande) blos in der Manier Andrer ausgeführt sind, können nie ein reines Vergnügen gewähren, wenn man die kopirten Originale kennt, weil der Schmuck mit fremden Eigenheiten und das sichtbare Streben, durch denselben zu gefallen, ohne selbst das Vermögen zu geschmackvollen Werken und Genie zu besitzen, und ein oft darin bemerkbarer Kleinigkeitsgeist, uns beleidigen und unser Vergnügen stören.

Der wahre Künstler nimmt sich nicht die Manier, nicht die einzelnen Besonderheiten eines Kunstwerkes zum Muster, weil diese nur zu dem Charakter dieses, aber nicht eines jeden Künstlers überhaupt, nur zu der Eigenthümlichkeit dieser, aber nicht zur Vollkommenheit der Kunstwerke überhaupt, gehören; das Große und Ganze ist das Urbild, nach welchem er sein Werk selbst aufführt, ohne sich durch eine fremde Manier von seinem hohen Ziele entfernen und seinen Geistesschwung hemmen zu lassen.

Manierirt heißt ein Kunstprodukt, dessen Anlage und Plan auf die Auszeichnung und Sonderbarkeit im Ausdrucke und Vortrage der ästhetischen Ideen hingeht, ohne der Idee des Ganzen selbst angemessen zu seyn. Die Auszeichnungs-

sucht, das Affektirte, Pretiöse oder Prangende
und Geschrobene ist allem ästhetischen Vergnügen
eben so hinderlich, als dieß allein durch Einfalt,
Anspruchlosigkeit und Natürlichkeit befördert wer=
den kann

Nicht alle Produkte einer lebhaften Fantasie
ohne Unterschied (folglich auch nicht alle so zahlrei=
chen Tonstücke) sind Werke der schönen Kunst,
sondern nur diejenigen, welche der Geschmack
geläutert und geordnet hat. Das ästhetische Beur=
theilungsvermögen, welches Geschmack heißt,
muß den Stoff einer reichen und originellen Begei=
sterung der Gesetzmäßigkeit des Verstandes unter=
ordnen, und ihm die Form geben, durch welche er
leicht aufgefaßt werden und einen festeren ästheti=
schen Eindruck machen kann. Durch das Vermö=
gen der ästhetischen Ideen, d. h. durch Genie, wird
ein Kunstwerk geistreich; durch den Geschmack
aber erhält es seine Vollendung, nämlich Schön=
heit. Die Musik erfodert also, als schöne Kunst,
zu ihren Werken Geschmack und Genie in Verei=
nigung.

XI

In wiefern bedarf der Tonkünstler der Kunstregeln?

Kunstregeln gehen den eigentlichen Werken des schöpferischen Geistes nicht voraus, sondern sie werden erst nachher von der Beschaffenheit derselben abstrahirt. Das musikalische Genie komponirt und fantasirt nicht nach Begriffen, sondern nach Gefühlen und Eingebungen der Begeisterung. Aber die bemerkte Regelmäßigkeit seiner Werke kann zur Prüfung des Talents Andrer und zu einem gewissen Maasstabe der ästhetischen Beurtheilung dienen. Eigentliche Erlernung kann auch im Gebiet der Tonkunst nicht Statt finden: d. h. blos das Mechanische, als Mittel der Darstellung läßt sich nach Vorschriften bestimmen und auch erlernen; aber der Geist der Kunstdarstellung kann durch Anhören und Studiren der Meisterwerke blos geweckt und entwickelt, nie eigentlich Andern mitgetheilt oder in ihnen erst hervorgebracht werden. Dennoch darf man nicht glauben, daß das Genie aller Befolgung gewisser Regeln überhoben sei, um Werke hervorzubringen, welche nicht blos Anstaunen und Bewunderung erregen, sondern auch dem ger nigten Geſchmacke angemeſſen ſind, und auf allgemeinen Beifall des gebildeten Publikums Anſpruch machen können.

Nur der Stoff zu ſchönen Kompoſitionen wird unmittelbar vom Genie erzeugt, in wiefern man in der hier genommenen Bedeutung zum Stoff alles das rechnet, was die Begeiſterung urſprünglich erfindet, die erſte Idee des Künſtlers, das originelle Bild ſeiner Fantaſie, den eigenthümlichen großen Gedanken ſeines Geiſtes, das erhabene oder zarte Gefühl ſeines Herzens. In Erfindung des Stoffes, des Gegenſtandes, des Inhaltes, erkennen wir das Genie; aber die Form des Stoffes, die Behandlung und Bearbeitung des muſikaliſchen Gegenſtandes, die Darſtellung des Inhaltes der äſthetiſchen Idee, der Vortrag, die Einkleidung deſſelben, der Ausdruck eines Gefühls, alles dieß wird nicht ſowohl vom Genie als Genie, ſondern nur in ſofern erwartet, als ſein Talent im Gefühl des Schönen der Natur und der Kunſt gebildet, durch die Schule gleichſam bezähmt und geordnet, und in der Ausführung und Darſtellung der muſikaliſchen Ideen geübt worden, kurz überhaupt mit Geſchmack verbunden iſt. (Man vgl. Krit. d. U. K. ſ. 47. 48.)

Die Einkleidung und Darstellung
kann, wiewohl sie in Beziehung auf den Gegen=
stand als Form zu betrachten ist, doch in wiefern
sie ganz originelles, ganz unmittelbares Erzeugniß
des Tonkünstlers ist, gewissermaaßen auch zu dem
Stoff gerechnet werden, der ein eigenthümliches
Werk des Genies ist, und von demselben als ein
ihm, wie durch fremde Begeisterung gegebenes,
Mannichfaltiges betrachtet wird, welchem er durch
spätere und neuere Anordnung (die nur
dem Geschmack zukommt) die höhere letzte
Form der Einheit eines in sich vollendeten Gan=
zen giebt.   Durch den Geschmack, welcher eigent=
lich nur ein beurtheilendes, kein hervor=
bringendes Vermögen ist, giebt das Genie sei=
nem Werke erst die Politur, die Lauterkeit und
Reinheit, und diejenige Vollendung, durch welche
es des Namens eines wahren Werkes der schönen
Kunst werth wird, und allgemeines ruhiges Wohl=
gefallen erwecken kann.

F

XII

Ueber das Eigenthümliche in der Mittheilungsart muſikaliſcher Werke

In Anſehung der Mittheilungsart findet bei einigen Künſten ein eigenes Verhältniß Statt. Die meiſterhafteſte muſikaliſche Kompoſition bleibt, ſo lange blos ihre Zeichen auf dem Notenblatte ſtehen, gleichſam noch unentwickelt, ein bloßer Gegenſtand der Idee des Tonſetzers, oder desjenigen, der aus den Zeichen mittelſt der Fantaſie ſich die dadurch angedeuteten möglichen Wirkungen vorzuſtellen, und alſo aus der Erfahrung eines ähnlichen Ausdruckes ſich den Effekt der Kompoſition im Geiſte vorzubilden vermag. So wie nun das äſthetiſche Ideenganze dem Komponiſten nicht mehr blos im Geiſte vorſchwebt, ſondern durch die ſichtbaren Zeichen der Hauptbedingungen ſeiner Darſtellung anfängt mittheilbar zu werden: ſo iſt noch ein anderer Akt der Kunſt nothwendig, das äſthetiſche Ideenganze wirklich darzuſtellen, nicht blos ſeiner Möglichkeit, ſondern ſeiner Wirklichkeit nach mitzutheilen. Man kann die Handlung, wodurch die eigentliche Mittheilung vollendet wird, als einen dritten Akt anſehen. Man kann nämlich im Gebiete der

Kunst dreierlei Akte des Genies und des Künstlers unterscheiden. Der erste äußert sich durch die unmittelbare Hervorbringung des ästhetischen Ideenganzen; in ihm liegt der eigentliche Charakter des Genies, als selbstschöpferischen Geistes. Der zweite Akt zeigt sich in dem Streben, die ästhetischen Ideen gleichsam sinnlich zu firiren und der Mittheilung fähig zu machen; man kann ihn die innere Bearbeitung, Ausarbeitung und Aufstellung des Kunstprodukts nennen. Hierzu gehört ein eigenes Talent, das mit dem ersten Vermögen nicht immer verbunden angetroffen, und oft erst durch eine gewisse Uebung und durch häufige Versuche entwickelt wird. Dazu wird erfodert: erstens eine freie Selbstbeobachtung, eine leise Aufmerksamkeit auf die vorschwebenden ästhetischen Ideen; zweitens eine mit guter Urtheilskraft verbundene Geschicklichkeit, das, was im Geiste vorgeht, treu und wahr und in schicklicher Ordnung darzulegen, wozu auch durch Uebung erworbene Erfahrung vorausgesetzt wird. Der dritte Akt ist die eigentliche wirkliche Mittheilung und Darstellung, der Ausdruck dessen, was im zweiten Akt festgesetzt worden war, die wirkliche Kunstdarstellung, die Handlung, durch welche das Kunstwerk als solches erst eigentlich vollendet und dem ästhetischen Gefühlvermögen vorgehalten wird. Man kann behaupten, daß dieser dritte Akt der Kunst bei der Musik einen eigenen Künstler erfodere, wiefern das Talent dazu nicht nothwendig mit dem Talent der Komposition verbunden seyn, sondern dem Tonsetzer fehlen, und als das Vermögen des musikalischen Vortrages einem Andern, der nicht gerade Komponist ist, beiwohnen kann. Man darf also behaupten, daß der wahre Virtuose, welcher die Idee des Komponisten glücklich zu erreichen weis, eben den Anspruch auf den ehrenden Namen eines Künstlers habe, als der Schauspieler, in dessen Darstellungen der Schauspieldichter seine Idee, sein Kunstwerk selbst, wie in dem getreuen Nachbilde, das dem Geiste vorschwebende Urbild wiederfindet, oder wohl auch seine Idee in der Ausführung selbst sogar noch übertroffen sieht.

Das Vermögen des Virtuosen, in seinem Vortrage sich ganz in die Ideen großer Komponisten zu versenken, erfodert eben so gut ein eigenes Talent, als die Komposition selbst, wiewohl die letztere (wenn sie nicht bloße Nachah-

mung und mechanische Kunst ist) der **unerklär-
baren ursprünglichen Selbstthätigkeit des
Genies**, der musikalische Vortrag aber zum Theil
der durch **Uebung erworbenen Geschicklichkeit und verfeinerten Empfänglichkeit** zu
verdanken ist.

Vorausgesetzt, daß der Urheber des Kunstwerkes nicht selbst der darstellende Künstler ist (wie
das bei einem seine musikalischen Gedanken sogleich
selbst vortragenden Tonsetzer oder bei einem selbst-
agirenden Schauspieldichter der Fall wäre), finden
wir nur **zwei Künste**, welche zur wirklichen Darstellung **besondrer Vermittlung** durch einen
eigenen Kunstakt bedürfen. Die Tonstücke
und Gedichte müssen äußerlich **vorgetragen**
werden, um als wirkliche Kunstwerke Eingang in
das menschliche Herz zu finden. Bei dem Mangel
dieses äußern Vortrages verliert aber die **Musik**
weit mehr, als das **Gedicht**, weil der stille Leser
des letztern sich doch an die Gedankenzeichen halten
kann, durch welche es vorzüglich den Weg zum
Herzen finden soll, der Notenleser aber den wesentlichen Mangel der unmittelbaren Beziehung der
Töne auf das Gefühl mühsam durch Fantasie zu
ersetzen suchen muß. Es muß also ein **neuer**

Grad der Vollkommenheit äußerlich hinzukommen, um die eigene Vollkommenheit der Tonstücke und Gedichte (so weit der Wirkungskreis reicht) all= gemein wahrnehmbar zu machen d. h. darzustellen. Die Gartenkunst bedarf einer solchen Vermittlung so wenig, als die Malerei und Bildhauerkunst. Denn das Anordnen des gehörigen Standpunktes, der Aus= und |An= sicht, kann nicht mit dem, was der Virtuose oder der Deklamator und Sänger oder Schauspieler zu thun hat, in Vergleichung gestellt werden. Dem, der an den Werken der Gartenkunst oder der Ma= lerei und Bildhauerkunst Theil nehmen will, bleibt die Wahl des Gesichtpunktes selbst überlassen, wäh= rend der musikalische Zuhörer von der Art des Vortrages geleitet wird, und sich ganz der süßen bezaubernden Gewalt und selbstthätigen Einwir= kung des Virtuosen hingiebt.

XIII

Von der Verbindung der Musik mit andern schönen Künsten, und insbesondre von der Oper

Die Schauspielkunst verbindet eine malerische Darstellung der handelnden Personen und des Ortes der Handlung mit der Beredsamkeit, nämlich mit dem Dialog, im Drama. Läßt sie den Dialog weg, und drückt Alles blos durch Gebehrdensprache aus, wie durch eine belebte Malerei, so heißt ihr Produkt Pantomime. Vereinigt sich die Dichtkunst mit der Musik im Gesange, und zugleich mit lebendiger, malerischer und theatralischer Darstellung der Handlungen; so wird diese Oper (im weitern Sinn) genannt. Das Spiel der Empfindungen in der Musik, verbunden mit dem Spiele der Gestalten, macht das Wesen des Tanzes aus. In einem Oratorium vereinigen sich Dichtkunst und Musik zu einem erhabenen und zugleich schönen Ganzen. Ob aber die Schönheit der Kunst durch solche Verbindungen gewinne, wie z. B. vornehmlich in der Oper, ist zweifelhaft. *) Meistentheils muß der einen Kunst um

*) S. Krit. d. U. K. 852. Von der Verbindung der schönen Künste in einem und demselben Produkte.

der andern willen ein Abbruch geschehen, und die
Einheit wird durch die mannichfaltigen Gesichtspunkte und durch die getheilte Aufmerksamkeit zugleich mit der Reinheit des ästhetischen
Wohlgefallens nicht wenig gestört, wo nicht gar
vernichtet. Je mehr Kunst und Geist der Dichter auf den Text zu einer Oper verwendet haben
würde (ist mit Recht bemerkt worden), desto mehr
würde selbst die vortreflichste Musik an Macht
des Eindrucks verlieren. Denn Verstand und
Einbildungskraft und selbst Vernunft würden
zu sehr von der Begeisterung des Dichters
eingenommen und von seiner schönen Darstellung hingerissen seyn, als daß die gehörige Aufmerksamkeit auf die Schönheiten der musikalischen Komposition möglich wäre. Der
Text muß also einigermaaßen leer seyn,
muß gleichsam nur skizzirt, nur hingeworfen seyn,
damit der Komponist durch den Zauber seiner aus-
drucksvollen Kunst Etwas auszuführen, gleichsam auszumalen, hervorzuheben, nach-
drücklicher zu bestimmen, oder auch hin-
einzulegen habe. Nur ein sehr weises Zu-
sammenwirken der verschiedenen Künstler, aus
deren Händen die Oper hervorgeht, ist im Stande, die Einheit des Mannichfaltigen zu

erhalten, ohne welche kein reines ästhetisches Vergnügen möglich ist. Die edelste Einfalt ist das
erste Erforderniß zu diesem Zweck. Der Dichter
hat in der Oper mehr als irgendwo die Anhäufung
der Bilder einer üppigen Fantasie und alles Schwülstige und Dunkle in der Sprache zu vermeiden; er
darf mit weiser Präcision und Simplicität das
nur andeuten, was der Tonkünstler, dem
hier der Dichter gewissermaaßen den obern
Rang erlauben muß, mit der eindringenden Sprache des Herzens weiter ausführt und entwickelt *).

*) Sehr wahr und wichtig scheint mir das, was Hr. Musik-
dir. J. N. Forkel in Steph. Arteaga's (von ihm
mit Anmerkungen zu Leipzig, bei Schwickert, in 2. Bden.
8. teutsch herausgegebener) Geschichte der italiäni-
schen Oper von ihrem ersten Ursprung an bis auf gegenwär-
tige Zeiten, (im 2ten Th. S. 235 — 249) gegen diejenigen
sagt, welche verlangen, daß der Tonsetzer in seinen Schil-
derungen der Leidenschaften so geschwind fortgehen soll, als
es in der Poesie geschieht. „Die Bedeutung der Worte,
(heißt es) oder der Mittel des Ausdrucks, deren sich die
Poesie bedient, ist festgesetzt und allgemein angenommen;
sie bedarf folglich nur weniger Worte, um die Hauptzüge
einer Leidenschaft so anzugeben, daß das Herz oder die Einbildungskraft auf den Weg gebracht wird, sich die Modifikationen derselben selbst hinzuzusetzen. Hingegen die Mittel des musikalischen Ausdrucks, die Töne, haben keine bestimmte Bedeutung, sondern müssen sie erst durch mancher-

Und in dem malerischen und dramatischen
Theile der Oper darf keine verschwenderische Pracht

lei Neben- und Umwege, d. h. durch mancherlei Kombi-
nationen erhalten, die das Herz gleichsam erst nach und
nach auf den Punkt führen, wohin die Kunst die Absicht
hatte, es führen. Wer daher der Musik ihre Ausführlichkeit nehmen will, nimmt ihr zugleich ihre Kraft, und be-
weist noch außerdem, daß er über ihre innere Natur nie
reiflich nachgedacht hat. Auch die Wege sind verschieden,
auf welchen beide Künste ihre Wirkung thun. Die Poesie
wirkt zunächst auf den Verstand, weil ihre Zeichen oder
Mittel des Ausdrucks nicht natürlich, sondern künstlich und
konventionell, sind. Der Verstand allein kennt ihre Bedeutung, und benachrichtiget das Herz erst gleichsam davon.
Die Wirkungen der Poesie auf Herz und Empfindungen
sind also mittelbar. Die Musik hingegen geht gerade zu
oder unmittelbar ans Herz selbst. Ihre Eindrücke sind daher auf alle Fälle nicht nur stärker, sondern auch wenigstens eben so bestimmt und sicher, als die der Poesie, wenn
ihr, wie es ihre Natur und der Weg, dessen sie sich bedient, erfodert, Zeit gelassen wird, durch gehörige Umwege das Herz und die Einbildungkraft auf den gewünsch-
ten Punkt zu bringen. Sollen wir ihr dieses Vermögen
schmälern? Sollen wir ihr durch die Beraubung ihrer
Ausführlichkeit auch sogar ihren physischen Einfluß auf den
menschlichen Körper nehmen, wodurch der Umlauf des
Blutes einen Gang nimmt, der der vorgesetzten Empfindung
angemessen ist, sie folglich nothwendig befördern und an-
sehnlich verstärken muß? Dieß alles wollen wir thun, und
sodann doch noch von ihr Ausdruck und Schönheit fodern?"

und kleinliche Ausführung gewisser Handlungen und nichts von allem dem gestattet werden, was nur die Aufmerksamkeit theilen und zerstreuen, und den Eindruck eines in sich vollendeten Ganzen, d. h. die ästhetische Einheit, stören könnte. Im entgegengesetzten Fall würde die Oper nur den Geschmack verderben, anstatt ihn zu erhöhen, und das betäubende Vergnügen gewähren, welches in der That der große Haufe statt des Schönen zu lieben und zu suchen pflegt.

Die Oper ist, was ihren poetischen Theil betrifft, ein pragmatisches und zwar ein dramatisches Gedicht, das entweder Komödie in weiterem Sinn oder Trauerspiel seyn kann. Den Plan zur Oper überhaupt, als einem ästhetischen Ganzen, zu dessen Hervorbringung sich fast alle schöne Künste vereinigen, kann eben so wenig der bildende Künstler, als der Tonkünstler erfinden, angeben und festsetzen, so bedeutend auch beider Antheil an der ganzen Oper seyn mag. Nur der Dichter, als ein Künstler, der durch Begriffe wirkt, der aus psychologischen und moralischen Quellen schöpfen kann und soll, der durch Vernunft und Fantasie das Gebiet des Wirklichen und des Möglichen gleichsam in seiner freien Ge-

walt hat, ist fähig und befugt, das psychologi=
sche und moralische Ganze, worauf sich alle
pragmatische und also auch dramatische Darstellung
zurückführen läßt, zu erfinden und so anzuordnen,
daß es auf das Gemüt der Zuhörer und Zuschauer
zweckmäßig wirken kann. In sofern hat der Dich=
ter allerdings bei der Oper den obersten Rang.
Denn er ist Urheber der Idee des Ganzen
entwirft den Plan einer für Verstand und Herz
interessanten und befriedigenden Darstellung, zeich=
net den Gang der Gedanken und Empfindungen
vor, die er entweder den handelnden Personen in
den Mund legt, oder durch die Musik begleiten
oder ausdrücken läßt. Von seiner Idee und sei=
nem Plan hängen der bildende Künstler, der
Tonsetzer und alle, die sonst noch mitwirken, ab.
In so fern sind Musik und bildende Kunst der
Dichtkunst in der Oper untergeordnet.

Der Dichter und zwar der Schauspieldich=
ter schreibt den andern Künstlern Regeln vor. Man
kann das dramatische Gedicht, die Oper, von poeti=
scher Seite, nicht als Eigenschaft der Musik
oder der malerischen Darstellung, nicht einmal der
handelnden Personen ansehen, sondern es verhält
sich vielmehr wie ein Subjekt zu seinen Prädika=

ten. Die Poesie, als der wesentliche Charakter des Ganzen, äußert sich nun theils durch sich selbst und mittelst der handelnden Personen, theils durch die Musik, welche die, mit den (von der Dichtkunst bestimmten) Gesinnungen und Handlungen verbundenen, Gefühle ausdrückt. Auch das Malerische in der Oper verhält sich zur Idee des Dichters nur wie Eigenschaft zum Subjekt, oder wie Mittel zum Zweck, wie ein Materiale zur Darstellung der Form.

Allein obgleich der Dichter, als Urheber des Plans der Oper und ihrer wesentlichen Form, den obersten Rang behauptet, und ihm die andern Künste, als Mittel zu seinem Zweck, als Prädikate des Subjekts, das er aufstellt, untergeordnet sind; so folgt daraus doch nicht, daß sein Zweck die vielleicht noch größere Ausbreitung der andern Künste ausschließe. Sein Zweck ist eine durch sich selbst, d. h. als Darstellung, gefallende Darstellung. Dieser soll durch eine, nach seinen Regeln bestimmte, Vereinigung mehrerer Künste, vornehmlich der Musik mit der Poesie, erreicht werden. Alle Künste können nicht gleichen Rang haben; jede kann nicht ein durch sich selbst bestimmtes und für sich ein Ganzes ausma-

chendes Kunstwerk aufstellen, sondern eins muß
durch das andere bestimmt, eines dem andern untergeordnet, aus dem andern erklärbar seyn, und
alle müssen sich zu einem gemeinschaftlichen
Zwecke vereinigen; und hier ist es die Idee des
Operndichters, auf welche Alles zurückgeführt
wird, und in welcher sich Alles vereiniget.

Die Frage ist nun: erreicht der Operndichter
den Zweck einer durch sich selbst gefallenden dramatischen Darstellung besser, wenn er selbst durch
Worte, nicht nur die Gedanken, sondern auch sogar die Gefühle und Leidenschaften der Handelnden auf das Lebendigste ausdrückt, so
daß man der Aktion und mündlichen Sprache und
auch der Musik gar wohl überhoben seyn könnte,
und das dramatische Gedicht nur in der gehörigen
Stimmung lesen dürfte, um es hinreichend zu verstehen und mit den darin vorkommenden Personen
zu sympathisiren? Oder erreicht er seinen Zweck als
dramatischer Dichter besser, wenn er (außer der
allgemeinen ästhetischen Idee und Anlage und Anordnung der Oper) nur soviel zu dem ästhetischen
Ganzen derselben mitwirkt, als recht eigentlich in
seiner Gewalt steht, und dasjenige, was er nicht
direkt, unmittelbar und mit der gehörigen Energie

und Lebendigkeit darstellen und ausdrücken kann,
den andern, auf Einen und denselben Hauptzweck
hinwirkenden, Künstlern auszuführen überläßt?
Offenbar wird man nur das letztere zugeben kön=
nen, zumal da unser Gemüt nicht fähig ist, meh=
rere Vollkommenheiten zugleich wahrzunehmen,
ohne daß durch Aufmerksamkeit auf die eine die
Empfänglichkeit für die andere zum Theil oder völ=
lig verschlossen, oder bei dem Versuche, beiderlei
Vollkommenheiten aufzufassen, eine unangenehme
Theilung und Zerstreuung der Achtsamkeit hervor=
gebracht würde.

So wie nun die Dichtkunst nur durch Begrif=
fe vermittelst der Worte auf Verstand, Fantasie
und Herz wirken kann, während die Tonkunst
bloße Gefühle vermittelst sinnlicher Eindrücke aus=
zudrücken, und die bildende Kunst nur Anschauun=
gen darzustellen vermag: so wird die Dichtkunst in
Vereinigung mit diesen beiden Künsten den Aus=
druck der Gefühle und die Darstellung der An=
schauungen nicht sowohl sich selbst zum unmittelba=
ren Zweck machen, als sie vielmehr den andern
Künsten überlassen. Der Dichter wird also in der
Oper, wo er eimal seine Idee nicht selbst al=
lein darstellt, sondern zur lebendigsten Darstel=

lnng sich der andern Künste bedient, um einen un=
getheilten, völlig zusammenstimmen=
den Eindruck hervorzubringen, da, wo bald
Musik bald bildende Kunst den besondern Zweck
unmittelbarer und also wirksamer erreichen kann,
im Sprachausdrucke nicht diejenigen Kräfte der
Poesie aufbieten, welche zum gefühlvollen Aus=
druck und zur malerischen Lebendigkeit der Epopee *)
(als eines in sich vollendeten Ganzen) erfordert
werden; sondern er wird zwar die Kraft und Schön=
heit der Dichtkunst nicht verleugnen und trockene
Prosa an ihre Stelle setzen, aber doch, sobald
Musik nebst den andern Künsten mit ihm
gemeinschaftlich wirkt, die Ueppigkeit der Fantasie,
die Gedankenfülle und Ausführlichkeit seiner eige=
nen Darstellung vermeiden, welche nur einem für
sich bestehenden blos poetischen Werke
angemessen sein würden.

Da die Musik, wenn sie einmal sich zum ästhe=
tischen Vergnügen mit andern Künsten verbinden

---

*) Den Geist der epischen Dichtungsart findet man vortreff=
lich charakterisirt in K. L. Reinholds Rede über die
nähere Betrachtung der Schönheiten eines
epischen Gedichts (Jena 1788. 8.)

soll, nur da recht eigentlich an ihrer Stelle ist, wo
es auf den Ausdruck von Gefühlen und Gemütsbewegungen und auf Rührung ankommt; so würde sie in der Oper eine sehr unbe-
deutende Rolle haben, wenn der Dichter etwa di-
daktisch verfahren, und durch die Handelnden
mehr Witz und Laune und überhaupt mehr Begriffe
des Verstandes und der Vernunft mittheilen, als
uns durch Aeußerung starker Gemütsbewegungen
und Ergießungen eines vollen Herzens interessiren
wollte. Die Dichtungsart für die Oper muß
also lyrisch sein, nicht sowohl Gegenstände schildern, als Gefühle ausdrücken oder doch zum
Ausdruck der Gefühle vorzüglich Anlaß geben; das
Gesetz ihrer Darstellungsart muß größtentheils
blos das Gesetz der Fantasie, der zufälligen Association, wenigstens zu sein scheinen. Die Personen in der Oper müssen unwillkürlich zu sin-
gen scheinen, überwältigt von ihren Gedanken
und Gefühlen. Durch diesen unwillkürlichen
Drang des Herzen wird alles Schwülstige und Ue-
berladene eben so sehr ausgeschlossen, als gesuchter
Witz, Scharfsinn, und Alles, was nur durch
Kunst und tiefe Ueberlegung möglich scheint.

G

So wie man nun in der Oper vom Dichter eine gewisse Einfachheit und Natürlichkeit fodert, so muß man vom Tonsetzer das rühmen können, was **Wieland** (in seinen **Briefen über das teutsche Singspiel Alceste** im Teutschen Merkur I. B. 1. St. 1773) von dem Komponisten seiner **Alceste**, **Schweizer**, rühmt (und was man auch, in nicht geringerem, wo nicht in noch höherem, Grade völlig von dem unsterblichen **Mozart** rühmen könnte, wenn so große Dichter für ihn gearbeitet hätten): „daß er sich des eignen „Charakters der Personen bemächtige, mit Feuer „ihre Leidenschaften, mit Wahrheit, Feinheit und „Zärtlichkeit ihre Empfindungen ausdrücke, jede „wichtige Stelle verbereite, oder unterstütze, oder „vollende; mit Weisheit die Begierde, zu schim= „mern und den Ohren zu schmeicheln, ja, wo es „seyn muß, die mechanischen Kunstregeln selbst der „höhern Absicht, auf die Seele zu wirken, auf= „zuopfern wisse; daß er schweige, wo der Dichter „allein reden muß, aber wo jener an den Grän= „zen seiner Kunst ist, ihm mit der ganzen All= „macht der seinigen zu Hülfe eile; daß er nicht „sowohl mit seinem Dichter ringe, als sich in ihm „verliere, mit ihm zu Einer Person werde, daß „Ein Genius, Ein Herz beide zu beseelen scheine;

„daß er den Gedanken des Dichters den einzigen
„angemeſſenſten Ausdruck unter allen möglichen
„zu geben ſuche, und ſich gleichſam des Ideals be-
„mächtige, welches dem Geiſte des Dichters vor-
„ſchwebte, und welches er unvermögend war mit
„Worten völlig zu erreichen."

Einfachheit des Plans und der Ausführung ſcheint bei der Oper um ſo nöthiger zu
ſeyn, je zuſammengeſetzter ſie ſchon ihrer urſprüng-
lichen Form nach iſt. Epiſodiſche Perſonen und
Nebenintereſſe würden die Aufmerkſamkeit des zu-
ſchauenden Zuhörers, die ſchon durch alle Künſte
genug beſchäftigt wird, zu ſehr anſtrengen und ermüden. Noch weniger vertragen ſich lange De-
klamationen und künſtliche Verſe mit der
einfachen, unvorbereiteten Sprache des Affekts;
und, wo der Affekt verſtummt, da wird die Muſik
die unnennbaren Gefühle uns offenbaren, die ſeine
Sprache hemmen, aber durch muſikaliſche Töne
mitgetheilt, unſere ganze Sympathie durchdrin-
gen. „Lange Reden (ſagt Wieland in den ange-
„führten Briefen mit Recht), ſo ſchön ſie als Re-
„den immer ſeyn mögen, machen in Trauerſpielen
„ſelten eine gute Wirkung. Aber nirgends ſind
„lange Reden weniger zu dulden, als im Sing-

„spiel. Hier, wo die Sprache der Musen al-
„lein geredet wird, muß Alles warme Empfin-
„dung oder glühender Affekt seyn. Ein Liebhaber,
„der in schmelzenden Tönen seine Gefühle aus-
„athmet, rührt uns; ein Sophist, der uns Ver-
„nunftschlüsse vorsingen wollte, würde uns unge-
„halten machen oder einschläfern.‟

Der Einfachheit des Plans und der Ausführung widerspricht aber (auch nach dem Urtheile
des berühmten Dichters) die Mannichfaltigkeit und Abwechslung nicht, welche in jedem
Schauspiele, vornehmlich aber in der Oper, Grund-
gesetz ist. Nach heftigen Bewegungen verlangen
und bedürfen wir Erhohlung in sanften und
ruhigen Empfindungen, welche übrigens mit dem
Tone des Ganzen in keinem unschicklichen Wider-
spruch stehen dürfen. Der Uebergang darf auch
nicht zu schnell, oder die plötzlichen Uebergänge
von einer starken und lebhaften Empfindung in
in eine sanfte und ruhige müssen aus dem Zustande der Person begreiflich sein. Der plötzliche
Abfall einer gefühlvollen leidenschaftlichen Arie in
ein trocknes Recitativ ist uns meistens unangenehm, während die natürliche Erhebung des ruhi-
geren Recitativs zur feurigen Arie uns Vergnügen

macht. Der Dichter muß daher dem Tonsetzer
Gelegenheit zu natürlichen, allmählichen
Uebergängen von der Arie ꝛc. zum Recitativ oder
von dem Recitativ zur Arie ꝛc. geben, die Fälle
ausgenommen, wo der schnelle Abfall aus den
Umständen ganz begreiflich, also natürlich, und
daher auch nicht unangenehm ist *).

Ueberhaupt ist im Singspiel die folgende Re=
gel von der größten Wichtigkeit, weil die Vernach=
läßigung derselben die Einheit des ästhetischen Ver=
gnügens stört: daß immer ein natürlicher Zu=
sammenhang und leichter Uebergang zwi=
schen den Recitativen, Arien und Chören und den
Gesängen überhaupt vom Dichter und Tonsetzer
veranstaltet werde; daß jede unangenehme Leere
zwischen den ausdrucksvollsten Gesängen, jede Lücke
in dem Ganzen, jeder unnatürliche Abfall (wel=
cher weder aus dem Gange der Empfindungen,
noch aus den Umständen leicht begriffen wird) ver=
hütet werde. Der stärkste Kontrast in der Ge=

*) Gretry macht in seinen Memoires on Essai sur la Mu-
sique (Paris 1789. 8.) die richtige Bemerkung: „Der
zu lebhafte Eindruck eines Musikstückes schadet der Wirkung
des Ganzen. Nach einer stark beklatschten Bravourarie
bleibt eine Leere, in welcher alle Aufmerksamkeit aufhört."

mütsſtimmung verſchiedener Perſonen, zu gleicher
Zeit oder in der Aufeinanderfolge, iſt dieſer Regel
gar nicht zu wider. Denn hier muß Alles auch
natürlicher und begreiflicher Weiſe zuſammenhän=
gen, und das Ganze macht uns lebhaftes Vergnü=
gen, weil im äſthetiſchen Genuß Gefühl, Einbil=
dungskraft, Verſtand und Vernunft zugleich be=
ſchäftigt werden, und oft durch Vernunft die Ein=
heit hervorgebracht wird, welche die Sinnlichkeit
mittelſt der Einbildungskraft nicht ſogleich finden
konnte.

Da die Poeſie des Dichters, nicht blos dem
Inhalte, ſondern auch der Form nach, mit der Mu=
ſik, von der ſie begleitet oder noch weiter unter=
ſtützt und ausgeführt wird, genau zuſammenſtim=
men, alſo lyriſch und muſikaliſch ſeyn müß;
ſo iſt auch die Frage über die Singbarkeit der
zum Singſpiele gewählten Sprache und über das
ſchickliche Sylbenmaaß und die ganze Verſi=
fikation von Wichtigkeit*). Je gewöhnlicher
man die italiäniſche Sprache für die ſchicklichſte

*) Einige ſchätzbare Bemerkungen über dieſen Gegenſtand ent=
hält die Recenſion von Arteaga's Geſchichte der
italiän. Oper in d. N. Bibl. d. ſch. Wiſſenſch.
u. fr. Künſte (40. B. 1. St. 1790. S. 155. ff.) „Der
Geſang (heißt es unter andern) iſt die Hauptſache im

Sprache zur Oper erklärt, um so befremdender
ist anfangs das Urtheil eines berühmten italiä=
nischen Komponisten, welches Wieland im
Teutschen Merkur (II. Bd. 3. St. 1773. S.
323 — 325.) zur Rechtfertigung der teutschen
Sprache anführte. Dieser Mann, der (wie W. an=
merkt) in seinen dramatischen Kompositionen Ge=
nie, Geschmack und Einsicht in die Geheimnisse
seiner Kunst gezeigt hat, sagte ein par Jahre zu=
vor, ehe an eine teutsche Alceste gedacht wurde:
daß er sich „über das Vorurtheil der Teutschen ge=
„gen die Geschicktheit ihrer Sprache zum hohen
„lyrischen Gesang und zur musikalischen Deklama=
„tion schon oft verwundert habe. Er behauptete,
„der Vorzug der wälschen Sprache vor der unsri=

---

musikalischen Drama. Ein Dichter also, der für dasselbe
arbeitet, muß alle Wörter und Wortfügungen vermei=
den, die nicht gesangmäßig sind, und den Plan des Ge=
dichts so anlegen, daß der Gesang in mannichfaltigen Ab=
wechslungen erscheint, und stets leidenschaftlicher Empfin=
dungen Ausdruck ist: so wie der Tonsezer, der des Dich=
ters Ideen ausbildet, die Instrumentenmusik nicht auf des
Gesanges Kosten darf glänzen lassen. Man sagt unrecht:
der Dichter sey bey diesem Drama des Tonkünstlers Die=
ner. Er ist dessen Wegweiser: von seiner Geschicklichkeit
hängt es ab, ob der GesangsKomponist zum Tempel des
Ruhmes und der Unsterblichkeit gelangen soll."

„gen in Abſicht auf die Singbarkeit ſei lange nicht
„ſo groß, als man ſich einzubilden pflege. Denn
„damit eine Sprache muſikaliſch ſei, komme
„es weniger darauf an, daß ſie ſich wegen häufi-
„ger A, E und O, leicht ausſprechen und ſin-
„gen laſſe, als darauf, daß ſie alle Arten von
„Bildern, Bewegungen, Empfindungen und Lei-
„denſchaften durch Worte, die dem Ohr etwas
„mit dem Gegenſtande Uebereinſtimmendes ein-
„drücken, zu bezeichnen geſchickt ſei. Und dieß als
„einen unleugbaren Grundſatz vorausgeſetzt, wür-
„de es, bei näherer Vergleichung, ſchwer fallen,
„zu entſcheiden, welche von beiden Sprachen zur
„dramatiſchen Muſik die tauglichſte wäre. Die
„unſrige beſitze eine Menge nachahmender Töne,
„eine Menge von ſanften und einen noch größe-
„ren Reichthum an ſchallenden, prächtigen, den
„majeſtätiſchen und furchtbaren Auftritten in der
„Natur angemeſſenen, Worten und Ausdrücken,
„ſo daß ein verſtändiger Komponiſt, was ſie viel-
„leicht an Weichheit und Süßigkeit gegen die Wäl-
„ſche verliere, an der Stärke und dem Nachdrück-
„lichen, das ſie vor derſelben voraus habe, reich-
„lich wiedergewinnen könne. Ueberdieß ſetze ſie
„durch die größere Mannichfaltigkeit ihrer Töne
„und lyriſchen Versarten, und durch ihre beinahe

„gleich große Freiheit in Stellung und Verschrän-
„kung der Wörter, sowohl den Dichter als den
„Komponisten in den Stand, der Deklamation
„diesen schönen, immer der Sache angemessenen
„Numerus zu geben, von dessen wunderbaren
„Kräften die Alten so richtig dachten, daß Cicero
„die große Wirkung der rednerischen Blitze des
„Demosthenes hauptsächlich der Ursache beimisset,
„weil sie gleichsam auf den Flügeln des Numerus
„dahergefahren (Non tanto impetu vibrarent
„fulmina illa, nisi numeris ferrentur. Orat. c.
„70.) Kurz (sagt Wieland) unverblendet von
„Parteilichkeit für seine Muttersprache behauptete
„dieser einsichtsvolle Mann, es werde nur darauf
„ankommen, daß ein teutscher Dichter, der sich
„seiner Sprache zu bedienen wisse, und die Kunst
„besitze, so viel Wohlklang und Numerus in seine
„Versifikation zu bringen, daß die bloße Dekla-
„mation derselben schon eine Art von Musik sei,
„sich mit einem Komponisten vereinige, der den
„Dichter völlig empfinde und verstehe, und in sei-
„nem Fache das sei, was jener in dem seinigen:
„so würden sie der teutschen Sprache einen
„Triumph verschaffen können, von dessen bloßer
„Möglichkeit sich vielleicht die wenigsten Teutschen
„noch etwas träumen ließen.“

Was nun die Versart für das Singspiel
oder die Oper betrifft, so muß diese überhaupt den
poetischen Regeln gemäß, dem auszudrückenden
Gemütszustande entsprechen, insbesondere aber
auch der musikalischen Behandlung fähig seyn. Die
Reime scheinen mir, bei der musikalischen Begleitung des Gedichts, ganz unnütz, sie müßten
denn etwa zum Ausdruck des Komischen beitragen. Wenigstens würde das Reimen für die
Oper meistentheils eine überflüssige und unerkann-
te Bemühung des Dichters seyn, welcher er vielleicht noch dazu manche höhere Schönheiten des
Gedichtes hätte aufopfern müssen. Die musikalische Bearbeitung würde die Reime unkenntlich,
und durch den musikalischen Rhythmus ziemlich
unnöthig machen.

Wie wichtig in der Oper und in dem Gesange
überhaupt die musikalische Begleitung seyn
könne, zeigt folgende feine Bemerkung eines unsrer beliebten Opernkomponisten, Gretry (in
seinen Memoires ou essay sur la Musique. Paris,
1789.) „Ich habe bemerkt, sagt er, daß die Kom-
„position Hülfsmittel hat, welche die Deklamation
„allein entbehren muß. Z. B. ein Mädchen
„versichert die Mutter, daß sie die Liebe nicht

„kennt. Während ihre Worte Gleichgültigkeit
„ausdrücken, schildert das Orchester die Qualen
„ihres verliebten Herzens. Ein Einfaltspinsel
„rühmt seine Leidenschaft oder seinen Mut. Sei=
„ne Worte scheinen feurig; aber das Orchester zeigt
„uns, durch die Monotonie der Musik das Thier
„unter der Löwenhaut. Mit Einem Worte, die
„Gedanken müssen in den Worten liegen; aber
„ihren geheimen Sinn muß die Begleitung aus=
„drücken."

XIV
Ueber einige ästhetische Eigenschaften des musikalischen Aus= drucks.

Es giebt gewisse Regeln für den Ausdruck ästheti=
scher Ideen, die aus musterhaften Produkten des
Genies abstrahirt worden sind, und deren Anwen=
dung und Beobachtung, des vortheilhaften Ein=
drucks wegen, mit Recht als nothwendig dem
Künstler vorgeschrieben wird. Man fodert vor=
nehmlich ästhetische Klarheit in der Musik.
Der Zuhörer soll über das, was der Tonkünstler
sagen will, nicht in Ungewißheit bleiben. Das

Tonstück muß sich, wenn es unter einem bestimm=
ten Namen angekündigt ist, bald als solches erken=
nen lassen, und der Charakter, den es ausdrücken
soll, darf nicht zweifelhaft bleiben.

Die ästhetische Klarheit kann entweder
blos das innere Wesen der Musik, nämlich Me=
lodie und Harmonie, oder sie kann ihre äu=
ßere Bestimmung, besondre Bedeutung und ihren
individuellen Charakter betreffen. Im ersten
Fall, welcher die Musik überhaupt, als freie, un=
bedingte Schönheit, angeht, fodert wenigstens der
Musikkenner eine gewisse Bestimmtheit in Me=
lodie und Harmonie; bei der größten Mannichfal=
tigkeit der musikalischen Wendungen und bei der
kunstvollsten Vielstimmigkeit doch eine leichte
Verständlichkeit des Hauptthemas mit seinen
Nebensätzen und Begleitungen. Im andern
Fall, in Beziehung auf besondre, unter gewissen
Namen angekündigte, oder für poetische oder thea=
tralische Darstellungen bestimmte, Tonstücke ist
die ästhetische Klarheit noch schwerer zu erreichen.
Denn außer der erwähnten innern Uebereinstim=
mung und faßlichen Bestimmtheit der Melodie
und Harmonie und ihrer einzelnen Theile, fodert
man hier noch eine äußere Uebereinstimmug mit

dem befondern Zweck des Tonfeßers oder Dichters
oder der andern Künftler. Es foll alfo auch die
Bedeutung, der Sinn der beftimmten Kompofition, theils wenn fie für fich ein Ganzes ausmacht,
theils wiefern fie mit einer andern Kunft verbunden wirkt, fich leicht fühlen und entdecken laffen.

Will der Tonfeßer eine Leidenfchaft und
Gemütsbewegung recht lebendig fchildern,
fo kann er (wie man mit Recht bemerkt hat) bleß
oft gar nicht auf dem kurzen Wege, wie etwa Dichter oder Redner oder bildende Künftler. Denn er
ift an eine fucceffive Wirkfamkeit gebunden,
und kann nicht durch Begriffe zu uns fprechen.
Ein Geſichtszug in dem Gemälde, Ein Wort in
dem Gedicht, fagt uns oft in einem Augenblicke
unendlich viel. Der Tonkünftler bemächtigt fich
nicht fo fchnell unfers ganzen Herzens, oft muß
er faft alle Kräfte feiner zauberifchen Kunft aufbieten, um uns mit dem Gegenftande feiner Begei-
fterung hinreichend bekannt zu machen, und in die
beabfichtigte Stimmung zu feßen.

Wenn alfo das Thema und der Charakter des
Stücks fowohl, als feine innern und äußern, allgemeinen und individuellen Beziehungen leicht

kenntlich ſeyn ſollen, wenn äſthetiſche Klarheit in
der Muſik herrſchen ſoll; ſo werden Präciſion,
Beſtimmtheit, Ordnung und eine gewiſſe
Lebhaftigkeit des Eindrucks nothwendig ſeyn.
Die Verſchiedenheit der Grade der äſthetiſchen
Klarheit begründet auch eine Verſchiedenheit in der
Darſtellung. Die äſthetiſche Klarheit kann in kei=
nem Tonſtücke in einem ganz gleichen Grade
bleiben; ſonſt würde die nothwendige Gleichför=
migkeit und Einheit des Mannichfaltigen zur
Einförmigkeit ohne Mannichfaltigkeit. Es
könnte keinen Nachdruck, keine hervorſte=
chenden Stellen in der Muſik geben, wenn
die Klarheit keine Grade haben, wenn der Aus=
druck nicht bald erhöht, bald vermindert werden
ſollte. Der Komponiſt ſtellt ſeinem Zweck gemäß
dieſe Stelle ins Licht, jene in Schatten, ohne
doch in Dunkelheit zu verfallen, durch welche
der Sinn ſeines Tonſtücks unkenntlich werden
würde. Dieſe weiſe Vertheilung des Lichts
und des Schattens, durch die ein gleichförmiger,
übereinſtimmender Eindruck hervorgebracht und
das Tonſtück mit Leichtigkeit und mit dem Gefühl
der Schönheit aufgefaßt wird, kann man äſthe=
tiſche Haltung nennen.

Soll äſthetiſche Haltung in einer Kom=
poſition gefunden werden, ſo müſſen eben die ver=
ſchiedenen Grade der äſthetiſchen Klarheit (die man
mit den, von der Malerei entlehnten, Worten,
Schatten, Halbſchatten, Schimmer,
Glanz, Licht, bezeichnen kann) zweckmäßig
vertheilt ſeyn; ſo dürfen keine intereſſanten, edeln,
erhabenen Gänge der Muſik mit gemeinen, alltäg=
lichen und matten, abwechſeln, ſo darf das Thema
nicht unausgeführt abgebrochen, ſondern es muß
gehörig durchgeführt werden.

Die Gleichförmigkeit, welche durch äſthe=
tiſche Haltung hervorgebracht wird, iſt nicht mit
der Einförmigkeit zu verwechſeln, welche ſich
durch Kraftloſigkeit ankündigt.

Beſonders wichtig ſind die Regeln von der
äſthetiſchen Klarheit und Haltung für den muſika=
liſchen Vortrag, weil ſie in dieſem nicht ohne
Vernichtung des ganzen herrlichen Eindrucks der
vortrefflichſten Kompoſition übertreten werden kön=
nen. Die Ordnung und Beſtimmtheit, wel=
che, mit Geiſt und Freiheit verbunden, den
wahren Meiſter ankündigt, iſt in der ächten
Kunſt eben ſo ſehr der Verwirrung und Unbe=

stimmtheit (durch welche sich manche Neuere als Genies ankündigen wollen), als der steifen, pedantischen Regelmäßigkeit entgegengesetzt, in welcher uns Geistlosigkeit anekelt. Wie sehr diese mit der Freiheit der schönen Kunst streite, ist schon oben bemerkt worden.

Am schwersten ist in der musikalischen Komposition die Einheit der ihr so unentbehrlichen Mannichfaltigkeit zu erreichen. Mannichfaltigkeit und Abwechslung dürfen in keiner Musik mangeln, die uns nicht durch Einförmigkeit ermüden soll. Gleichwohl soll das Musikstück einen bestimmten Charakter haben, die Einbildungskraft soll bei dem Anhören desselben nicht zügellos umherschweifen, sondern bei aller Freiheit sich der Gesetzmäßigkeit des Verstandes anschmiegen. Aber selbst die Abwechslung würde zur Einförmigkeit werden, wenn sie auf dieselbe Weise merklich oft wiederkehrte, und die Regeln der verschiedenen Aufeinanderfolge nicht mehr blos dunkel geahnt, sondern mit Gewißheit eingesehen würden.

In einem musikalischen Stück, das einen bestimmten Charakter haben und als Ein Ganzes betrachtet werden soll, darf der Tonkünstler den Zu-

Hörer zwar von dem Wege, auf den er ihn selbst
geleitet und gewissermaßen festgestellt hat, nicht
völlig auf einen ganz entgegengesetzten abführen,
aber Umwege sind ihm erlaubt, wenn er nur am
Ende auf den eingeschlagenen Weg zurückkommt.
Doch giebt es auch in der Musik eine gewisse Weit=
schweifigkeit, in die man leicht verfallen kann,
wenn man der Einförmigkeit auszuweichen sucht.

Die plötzliche Veränderung des einmal einge=
leiteten Ganges heißt Ueberraschung. Sie
kann von der mächtigsten Wirkung seyn, wenn
man sie sparsam und am rechten Orte gebraucht.
Die Absicht derselben ist, den Geist in neuen
Schwung zu setzen, eine neue Ideenreihe anzuhe=
ßen und entweder durch dieselbe eine neue Bahn zu
eröffnen und bis ans Ende zu verfolgen, oder bald
auf die vorige, vielleicht mit verstärkter Wirksam=
keit, zurückzukehren. Ein zu häufiger Gebrauch
des Ueberraschenden (worin der neuere Ge=
schmack selbst mancher bedeutender Tonsetzer bis=
weilen zu fehlen scheint) hebt bald die Ueberra=
schung selbst auf; denn man gewöhnt sich daran
oder wird dadurch ermüdet.

Von ungemeinem Effekt ist in der Musik bald
das allmähliche Erheben, bald das Nieder=

finken der Modulation, bald auch ein plötzlicher Abfall in Beidem. Es ist uns aber natürlicher, von einem geringern Grade der Lebhaftigkeit unsers Zustandes zu einem höhern hinauf, und
dann von diesem erst zu einem niedern herabzusteigen, als sogleich mit hochgespannter Kraft anzufangen. Die Steigerung oder der Klimar
giebt uns daher auch in der Musik mehr Befriedigung, als das Herabsenken des Tons; dieses ist
nur dann natürlich, wenn der höchste Grad der
Anspannung langsameres oder geschwinderes Nachlassen erheischt. Aber jene Verstärkung des Ausdrucks ist nicht immer anzubringen, sie darf nicht
zu häufig und nur in der völligsten Angemessenheit
zu dem Charakter des Stücks angewandt werden;
sonst würde sie ihre Kraft verlieren und ein Gefühl
des Gekünstelten und Gesuchten erregen.
Das plötzliche Sinken des Tons darf nur selten
und nur um eines ganz besondern Ausdrucks willen
vorkommen, weil es an sich unangenehm ist. Wie
ästhetisch = zweckmäßig aber sowohl das plötzliche als
das allmähliche oder abwechselnde Niedersenken des
Tons und Ausdrucks unter gewissen Umständen
seyn könne, mag man aus der Analogie mit ein
paar poetischen Beispielen abnehmen, wobei sich
auch leicht die Anwendung auf Gesangskomposition

und mufifalifche Deflamation machen läßt. Der
Grund einer folchen Abwechslung oder fchnellen
Veränderung muß bei der Poefie und der von ihr
abhängigen Mufif in den Gedanken und in den
Ideen der Einbildungskraft in Beziehung auf die
individuellen Gefühle liegen. Z. B. „die blutige
„Zwietracht ift vertrieben mit ihrem verheerenden
„mörderifchen Gefolge! uns lächelt der Frie=
„de." Oder im fiebenten Gefange von Wieland's
Oberon:

> Stracks fchwärzt der Himmel fich, es löfchen alle Sterne;
> Die Glücklichen, fie werdens nicht gewahr;
> Mit fturmbeladnem Flügel brauft von Ferne
> der feffellofen Winde rohe Schaar;
> fie hörens nicht. Umhüllt von finfterm Grimme,
> raufcht Oberon vorbei an ihrem Angeficht;
> fie hörens nicht. Schon roll des Donners droh'n=
> de Stimme
> zum dritten Mal, und ach! fie hörens nicht.

XV

Ueber die Eintheilung der mufifalifchen Werke

Eine Eintheilung der mufifalifchen Wer=
ke zu verfuchen, fcheint ein fchwereres Unterneh=

men zu seyn, als die Klassifikation anderer Kunstwerke. Der Grund der Schwierigkeit liegt wohl
hauptsächlich in der eigenen Freiheit und Un-
gebundenheit, durch welche sich die Tonkunst
vor den andern Künsten so merklich auszeichnet,
und welche man, um den Flug des Genies nicht
zu hemmen, nicht gern in gewisse Gränzen ein-
schließen mag. Bei der unendlichen Mannichfaltigkeit ihrer Werke würde eine Eintheilung aus blos empirischen Gründen nicht ohne
die größte Mühe unternommen und schwerlich bestimmt vollendet werden können. Der einzige
Weg, zu einer faßlichen Eintheilung zu gelangen
müßte von den nothwendigen Eigenschaften
der Musik und von den wesentlichen a priori
gegründeten Beschaffenheiten ihrer Werke ausgehen. Die Analogie der Musik mit der Dichtkunst wird uns einigermaaßen dieses Geschäfft
erleichtern.

Eine Haupteintheilung der Musik ist
möglich, in wiefern wir sie entweder als freie,
für sich bestehende, oder als abhärirende,
bedingte Schönheit betrachten. Die erste ist
die Musik ohne Text überhaupt, ja sogar ohne
Namen, oder doch ohne Rücksicht auf die be-

sondern Kunstnamen ihrer Werke. Hierher gehören vornehmlich die freien Fantasieen, oder
auch andre musikalische Werke, in wiefern auf keinen Begriff von ihrer bestimmten Bedeutung
dabei Rücksicht genommen wird. Die zweite
Hauptklasse befaßt diejenigen musikalischen Werke unter sich, welche als bedingte Schönheiten
betrachtet werden, die Musik nicht nur mit
Text, sondern auch in Verbindung mit andern Künsten, und mit Rücksicht auf die unter
besondern Namen bestimmten Kunstbegrif-
se ihrer Werke. Hierher werden also nicht nur
die Singkompositionen und die Opernmu-
sik, sondern auch die einzelnen, mit keinem Text
verbundenen, aber unter bestimmten Namen
(z. B. als Sonaten, Sinfonien, Fugen ꝛc.) an-
gekündigten, Tonstücke gehören.

Eine zweite Eintheilung wird sich auf
den entweder mehr subjektiven, oder mehr objektiven, Grund der Darstellung und der ästhetischen Ideenfolge gründen. Denn bei manchen
Tonstücken läßt sich annehmen, der eigene freie
Gang der Modulation werde durch kein Objekt bestimmt, sondern beruhe ganz vorzüglich auf subjektiven Gründen, d. h. er hänge fast allein

von der willkührlichen Stimmung und Neigung,
kurz von der individuellen Gemütsbeschaffenheit
des Tonkünstlers ab, welcher nach den Regungen
des Gefühls allein den Gesetzen der zufälligen
Ideenassociation der Einbildungskraft folge. Soll
der Zuhörer die musikalische Darstellung einem mehr
objektiven, als subjektiven, Grunde zuschreiben, so muß er den Gang der Modulation nicht
sowohl aus der bloßen Individualität des Tonkünstlers herzuleiten genöthigt seyn, als vielmehr
in der Musik selbst etwas Bestimmtes wahrnehmen, woraus sich die Art und Beschaffenheit des
ganzen musikalischen Ausdrucks erklären läßt; es
muß ihm etwas Objektives vorschweben, was
als Bestimmungsgrund der musikalischen Ideenfolge, ihrer Ordnung und ihrem Zusammenhange
nach, angesehen werden kann. Zu dieser (objektiv-
gegründeten) Klasse der Musik wird also ein bestimmtes Thema vorausgesetzt, aus welchem sich
(so willführlich es auch vom Komponisten erwählt
seyn mag) der Gang der Modulation gleichsam
entwickelt. Das ganze Stück besteht gleichsam
in einer Entwicklung des Hauptsatzes. Aus
dem Hauptsatze läßt sich hier ungefähr der Fort-
gang der Modulation gewissermaßen ahnen und
vorhersehen, während in der ersteren (subjektiv-

gegründeten) Gattung über den freien, ganz willführlich und zufällig scheinenden, Gang des Tonkünſtlers ſich nichts beſtimmen läßt. Zu dieſer ob-
jektivgegründeten Gattung würde ich die regel-
mäßigeren Tonſtücke, in denen gewiſſe Haupt-
ſätze ausgeführt werden (als Fugen, Sonaten,
Sinfonien, Rondo's ꝛc.), zu der erſteren ſubjek-
tiv-gegründeten Gattung aber die freien Kapriſen,
Fantaſieen und manche einzelne pathetiſche und re-
gelloſere Stücke (z. B. gewiſſe Adagio's, Largo's u.
dgl.) zählen. Wir können die erſte Gattung, welche mehr auf ſubjektiven Gründen beruht, und
von dem individuellen Empfindungszuſtande
des Tonkünſtlers abhängt, und ſich durch einen
freieren willkührlicheren Gang ankündiget, nach
der Analogie mit der lyriſchen Poeſie, die andre
aber, welche durch ein Objekt beſtimmt zu werden ſcheint, nach der Analogie mit der (im weitern
Sinn ſogenannten) epiſchen Dichtung betrachten. Die gleichſam epiſche Muſik kann nun entweder (als freie Schönheit) ein, an keinen beſtimmten Begriff gebundenes, Thema entwickeln
und durchführen (wie die Fuge), oder ſie kann (als
bedingte Schönheit) durch den Begriff der beab-
ſichtigten Bedeutung beſtimmt ſeyn (wie ein beſon-
dres Charakterſtück, oder eine Kompoſition zu ei-

nem, nach dem angenommenen Sinn, nicht lyri=
rifchen, fondern epifchen Gedicht, wenn fie ganz
mit demfelben zufammenfließt und im Gefange Ein
Ganzes ausmacht.)

Die Entwicklung und Ausführung deffen, was
im Thema liegt, (die objektiv = gegründete, gleich=
fam epifche Mufik) erfodert eine gewiffe eigene
Regelmäßigkeit, an welche die blos fubjektive
Darftellung des Empfindungszuftandes (die gleich=
fam lyrifche Mufik) nicht gebunden ift.

Jene Regelmäßigkeit und Gleichför=
migkeit charakterifirt befonders die fogenannten
Lieder (welche man vielleicht bequemer zur epi=
fchen als zur lyrifchen Poefie rechnen könnte). Die
eigentlichen Liederkompofitionen werden
fich alfo durch eine gewiffe Regelmäßigkeit und
Gleichförmigkeit von der Kompofition aller der
freieren, regelloferen Gedichte, welche man zur
lyrifchen Poefie rechnen kann, unterfcheiden.
Auch gewiffe für fich beftehende Tonftücke werden
mit den Liedern der Dichtkunft in Anfehung ih=
rer Gleichförmigkeit und Regelmäßigkeit verglichen
werden können. Die Kompofition der Lie=
der im engern Sinn fcheint (ohne eigene Veran=

laſſung im Gedicht) keine kühnen, gewagten, ſel-
tenen Ausweichungen der Harmonie, keine uner-
warteten Uebergänge in fremde Ton-oder Taktar-
ten, keine zu große Abwechslung, Mannichfaltigkeit und Kunſt, ſich erlauben zu dürfen, ſondern
einen, den Empfindungen angemeſſenen, leichten,
natürlichen und regelmäßigen, Gang behaupten
zu müſſen. Andre Tonſtücke werden ſich durch eine
freiere Aufeinanderfolge der Melodien, durch
eine kühnere Fortſchreitung der Harmonie, und
durch eine gewiſſe Regelloſigkeit unterſcheiden,
und ganz mit der eigentlich lyriſchen Poeſie verglichen werden können, welche uns nicht mit gewiſ-
ſen Gegenſtänden ihrer Beſchaffenheit nach
bekannt machen, ſondern blos einen beſondern
Gemütszuſtand ausdrücken, das Herz gleichſam überfließen laſſen will, und dabei mit einer
ſcheinbaren Planloſigkeit dem unwillkühr-
lichen Drange des Gefühls und der Leidenſchaft
folgt, und die ſich darbietenden Ideen der Fantaſie zur Belebung des Gefühlsausdruckes zu Hülfe
nimmt. Eben dieſe ſcheinbare Planloſigkeit bringt
in uns die Vorſtellung von Willkürlichkeit und
Zufälligkeit hervor; denn der phyſiſche Drang, mit
dem das Herz in den Ausdruck überſtrömt, läßt
ſich nach keinen Regeln beurtheilen, und erſcheint

in dem Gange der Melodie und Harmonie, in
Tonart, Rhythmus u. s. f., ist ihrem kühneren,
feurigeren Schwunge gemäß. Die odenmäßige Be-
geisterung bedient sich der prächtigsten Fülle der
Harmonie, seltener und kühner Wendungen und
Uebergänge, mit einem Anscheine von Unordnung,
welche aber im Grunde eine eigene Ordnung der
begeisterten Einbildungskraft ist. Die odenmäßige
Komposition erfordert eine noch höhere, mächtigere
Gewandtheit des Geistes, einen noch größeren
Reichthum an musikalischen Ideen, als der blos
elegische Ausdruck. Ihr kann kein gemäßigter Affekt (als sanfte Sehnsucht, stille Wehmuth oder
Freude 2c.) sondern nur eine starke Gemütsbewegung und heftige Leidenschaft zum Grunde liegen. Dann wird sie auch den hohen Schwung,
den hinreissenden Strom der ästhetischen Ideen, die
Energie und Kürze, und die Beziehung auf Eine
große Hauptidee haben, die man mit Recht erwartet, und in gewissen Werken der ersten Mei-
ster (eines K. Ph. E. Bach), Hayden, Mozart, Clementi u. a.) bewundert.

Verzeichniß

einiger neuerer muſikaliſch = äſthetiſcher Schriften
und Auffäße

Aliſon's Eſſays on the nature and principles of Taſte.
Edinburg 1790, (ſ. N. Bibl. der ſchönen Wiſſenſch.
u. fr. Künſte 42. B. 1. St. S. 48 — 54., wo ein
Auszug der Abhandlung von der Klaſſifikation
und von der Schönheit und Erhaben=
heit der Töne gegeben iſt).

Ariſtotle's Treatiſe on Poetry, translated; with no-
tes on the translation and on the original; and two
Diſſertations on poetical and muſical imitation, by
Thom Twining, M. A. London. 4. (S. Goth.
gel. Zeit. Ausländ. Lit. 34 St. 21. Aug. 1790).

Arteaga's (Stephan) Geſchichte der italiäniſchen
Oper von ihrem erſten Urſprunge an bis auf gegenwär=
tige Zeiten. Aus dem Italiäniſ. überſeßt und mit
Anmerkungen begleitet von Joh. Nikol. Forkel.
Dr. d. Philoſ. u. Muſikdirektor zu Göttingen. Leip=
zig, bei Schwickert. I. B. 533 S. II. B. 532. S. 8.
1789. (Italiäniſch: Le Rivoluzioni del Teatro mu-
ſicale Italiano dalla ſua origine ſino al preſente. Ve=
nedig, 2te Ausg. in 3 groß Oktavbänden). Ange=
zeigt in d. N. Bibl. d. ſch. W. u. fr. K. 40. B. 1.

St. 1790. S. 155. Allg. Lit. Zeit. N. 140. 20. Mai.
1790. u. Allg. deutschen Bibl. 96. I. 1790.
S. 120 — 126.

Brown's (the late Iohn), Painters, Letters on the
Poetry and Music of the Italian Opera. Edinburgh and
London. 1789. 12. 161. S. (Man hat den Verfaſ⸗
ſer als einen Mann von Talent, Einſicht, feinem Ge⸗
fühl und gebildetem Geſchmack gerühmt).

Burney's (Charles's) Muſ. Dr. F. R. S. a general
hiſtory of Muſic from the earlieſt ages to the preſent
period. London I. Vol. 1776. II. 1782. III. IV. 1789.
gr. 4. (dem 3ten Bande hat der Verf. einen Ver⸗
ſuch über die muſikaliſche Kritik vorgeſetzt,
in welchem er manche feine Bemerkungen über die
Mitwirkung des Verſtandes und der Reflexion zum
muſikaliſchen Vergnügen verträgt, ohne dieſen Ge⸗
genſtand ausführlich zu behandeln. Die Einleitung
des IV. Bandes enthält einen kurzen Verſuch über
die Euphonie oder Anmuth der Sprachen
und ihre Fähigkeit zur Muſik. Dieß ſchätz⸗
bare Werk iſt umſtändlich angezeigt in d. Allg. Lit.
Zeit. N. 93. 94. 95. März 1791.

Cramer's (C. Fr.), Prof. in Kiel, Magazin der
Muſik. Hamburg. (Enthält manche ſchätzbare Bei⸗
träge über den äſthetiſchen Theil der Tonkunſt; un⸗
ter andern in dem Jahrgange 1783 einen Brief von

Georg Benda über das einfache Recita=
tiv S. 750. — 755.; Hrn. Forkels lehrreiche
Einladungsschrift von der Theorie der Musik, in so
fern sie Liebhabern und Kennern nothwendig und
nützlich ist S. 855. — 912., u. dessen Ankündigungs=
schrift: Genauere Bestimmung einiger mu=
sikalischer Begriffe S. 1039 — 1072; einen
Brief von C. F. Cramer über die Schönheit und
den Ausdruck der Leidenschaften in einer Cantate
von J. Hayden S. 1073 — 1115; Hrn J. J.
Engel's gründliche Abhandl. über die mu=
sikalische Malerei S. 1139 — 1178; nebst
einer Beilage, dem Artikel Malen und Gemälde
aus Sulzers Theorie der schönen Künste S. 1178
— 1183, u. einem Stück aus Lessing's Drama=
turgie, die Musik vor und zwischen den Akten be=
treffend.

Dalberg (Friedr. Freihrn v.) Blicke eines Ton=
künstlers in die Musik der Geister. Mannheim 1787. 12.

Ebenderselbe vom Erfinden und Bilden. Frankfurt
a. M. 1791. 8.

Eberhard's (J. A.) Prof., Abhandlung über das
Melodrama, der erste Aufsatz in seinen Neuen
vermischten Schriften. Halle, 1788. 8.

Engel's (J. J.) Prof. Abhandl. über die musikali=
sche Malerei an den Kapellm. Reinhardt. Verl. 1780.

Forkel (J. N.) über die Theorie der Musik ꝛc.
(abgedruckt in Cramer's Magazin) Göttingen 1777.
4. Genauere Bestimmung einiger musikalischer Be=
griffe (auch in Cramers Magazin) Göttingen 1780.
Musikalisch = kritische Bibliothek 3. Bde. Gotha 1778
— 1779. in 8. Musikalischer Almanach für Deutsch=
land auf 1782. 1783. 1784. 1789. (enthält auch
manches den ästhetischen Theil der Musik betreffen=
de). Allgemeine Geschichte der Musik. I. B. mit
5. Kupf. Leipzig 1788. XXXIV. und 504 in gr. 4.
(besonders gehört hieher die scharfsinnige Einleitung).
Ausführlich angezeigt in d. Allg. Deutf. Bibl. 97,
1. 1790. S. 242 — 247. und in der Allg. Lit. Zeit.
N. 91. 92. 1. u. 2. April 1790.

Friedrichs des Zweiten Werke. Im 11ten Ban=
de stehen die Briefe an D'Alembert. Vornehm=
lich verdient hier des Königs Urtheil über die mu=
sikalische Malerei angeführt zu werden. Von
dieser sagt er S. 18: „Mein großer Geometer
(D'Alembert) giebt zu, daß die Tonkunst blos
Empfindungen der Seele hören lassen kann, daß folg=
lich Alles, was den übrigen Sinnen zukommen kann,
dem Gehöre fremd ist, und dennoch fodert er vom
Komponisten, daß er das Aufgehen der Sonne dar=
stelle. Sollte er gemeint haben, der Tonkünstler
solle jene sanfte, ruhige Wonne ausdrücken, die das
Hervorwallen der Morgenröthe einflößt? Dieß läßt

sich thun; aber von den tiefsten Saiten des Instru=
ments, hinauf bis zu den höchsten und dann wieder
herab zu steigen, wie der Geometer es will, das
wird nie die geringste Aehnlichkeit zwischen dem
Schauspiel eines schönen Morgens und den angege=
benen Tönen hervorbringen. In der Musik wollen
wir also bei dem Ausdrucke der Empfindungen der
Seele bleiben, und uns hüten, Froschgequake, Krä=
hengekrächze und hundert andere Dinge nachzubilden,
deren Nachahmung so fehlerhaft in der Musik, als
in der Dichtkunst ist."

Gerstenberg (Hans Wilh. von) Dän. Conf. u.
Resid. zu Lübeck über die schlechte Einrichtung des
italiän. Singgedichts (in den Briefen über Merk=
würdigkeiten der Literatur. Hamb. und Bremen
1770. 8. u. in Cramers Magazin Jahrg. 2. S.
629 — 650.

Gretry Mémoires ou Essay sur la Musique. Paris,
1789. 8. (Angezeigt in der Goth. gel. Zeit. Ausl.
Lit. 21. St. 1790. u. 14. 16. St. 1791.)

Herder (J. G.) Ob Malerei oder Tonkunst eine
größere Wirkung gewähre. In den zerstreuten
Blättern, 2. Samml. 1786. Sein Buch vom
Geist der hebräischen Poesie (Dessau 1782
1783.) enthält im 2ten Bande einige hierher göri=
ge Abhandlungen: S. 374 — 378 von der Musik der
Psalmen; S. 379 — 382 über die Musik, ein Au=

J

hang aus Asmus sämtlichen Werken (Th. 1. S. 87.);
S. 266 — 174. Verbindung der Musik und des Tan=
zes zum Nationalgesange, ein Anhang zum Liede
der Debora..

Heydenreich's (K. H.) Prof. System der Aesthe=
tik. I. Bd. Leipzig 1790. 8. Umständlich angezeigt
und beurtheilt, nebst scharfsinnigen Bemerkungen
über die Tonkunst, in der neuen Biblioth. d. s.
Wiss. u. fr. K. 43. Bd. 2. St. 1791. S. 186 — 284.
Die Bemerkungen über die Tonkunst von S. 213.
an. Die ausführliche Beurtheilung in der Allg.
Lit. Zeit. No. 134. 135. Mai 1791. nimmt No. 135
auch besonders auf die Musik Rücksicht in Ansehung
dessen, was S. 161. ff. u. S. 285 von der Be=
stimmtheit des musikalischen Ausdrucks gesagt wird.
— Die hieher gehörigen Stellen jenes Systems s.
S. 97 — 100; 5te Betrachtung S. 164 ff.; 6te Be=
tr. S. 282 — 237.

Hiller (J. A.) über die Musik und deren Wir=
kungen; a. d. Franz. übersetzt und mit Anmerkun=
gen begl. Leipzig 1781. 8.

Hoffmann's (J. L.) Versuch einer Geschichte der
malerischen Harmonie überhaupt, und der Farbenharmo=
nie insbesondere, mit Erläuterungen aus der Ton=
kunst, und vielen praktischen Anmerkungen. Halle,
1786.

Kant's (Imman.) Kritik der Urtheilskraft. Berlin. Erste Auflage 1790. 476 S. Zweite Auflage (mit einigen wenigen Zusätzen) 1793. 482 S. gr. 8. Ausführlich angezeigt und beurtheilt in der Allg. Lit. Zeit. No. 191 — 194. 1793; der die Krit. der ästhetischen Urtheilskraft betreffende Theil dieser lehrreichen erläuternden Darstellung macht das VI. Stück des 2. Bdes von K. L. Reinhold's Beiträgen zur Berichtigung bisheriger Mißverständnisse der Philosophen (Jena 1794. gr. 8.) aus, unter der Aufschrift: über das Fundament der Geschmackslehre. Die besonders die ästhetische Betrachtung der Tonkunst betreffenden Stellen stehen §. 13. 14. 16. 51 — 54.)

Kausch's (Joh. Joseph) psychologische Abhandlung über den Einfluß der Töne und insbesondere der Musik auf die Seele; nebst einem Anhange über den unmittelbaren Zweck der schönen Künste. Breslau, 1782. 8. (Allg. D. Bibl. LXIV. 2. 463.)

Koch's (Heinr. Christ.) Fürstl. Schwarzb. Rudolstädt. Kammermus. Versuch einer Einleitung zur Komposition. 3 Theile. Leipzig, 1782. 1787. u. 1793. 8. (Der zweite Theil ist empfohlen in der Allg. D. Bibl. 80. B. I. St. 1788. S. 117.; der 3te in d. Neuen Allg. D. Bibl. XI. Bd. 2. St. 7. H. S. 412 — 419. 1794.) Die erste Abtheilung des zweiten

Theils handelt von der Absicht, von der innern Be=
schaffenheit und von der Entstehungsart der Ton=
stücke, und von dem Eindruck der Musik auf das
menschliche Herz.

Musikalisches Wochenblatt. I. Heft. 1791.
II. 1792. (jedes Heft zu zwölf Stücken) 4. (S.
No. 141. Allg. Lit. Zeit. 1792. u. N. Allg. D. Bibl.
XII. 2. St. 5 — 8 H. 1794. S. 517 — 521.)

Neefe (Chr. Gottlob) über die musikalische Wie=
derhohlung, eine Abhandlung im deutschen Museum
1776.

Ramler's (K. W.) Vertheidigung der Opern (in
Marpurgs hist. krit. Beiträgen B. 2. S. 84 — 92.)
Auszug aus der Einleitung in die schönen Wissen=
schaften, nach dem Franzöf. des Hrn. Batteur, mit
Zusätzen vermehrt und auf Musik angewendet (in
Marpurg's hist. kr. Beitr. B. 5. S. 20 — 41.)

Reichardt (Joh. Fr.) über die deutsche komische
Oper, nebst einem Anhange eines freundschaftlichen
Briefes über die musikalische Poesie. Hamburg, 1774.
8. Ueber die musikalische Komposition des Schäfer=
gedichtes (im Deutschen Museum 1777. Sept.)
Musikalisches Kunstmagazin; vier Stücke oder ein
Jahrgang. Berlin 1782 — 1783 Fol. (Allg. Deutf.
Bibl. LIII. 141.); fünftes und sechstes St. 1787

—1788; siebentes St. von S. 65 — 92. (Allg.
Lit. Zeit. No. 162. d. 11. Jun. 1791.)

Schubauer über die Singspiele (in den Abhandlungen der Baierischen Akademie über Gegenstände der
schönen Wissenschaften B. 1. München 1781. 8.)

Steinbart's (Gotth. Sam.) Grundbegriffe zur Philosophie über den Geschmack. Erstes Heft, welches
die allgemeine Theorie der Tonkunst enthält. Zül-
lichau 1785. gr. 8.

Sulzer's allgemeine Theorie der schönen Künste.
Die musikalischen Artikel im 2ten Theil sind vom
Kapellm. J. A. P. Schulz.

Weißmanns (Joh. Heinr.) Abhandlung über die
Cantate. Rudolstadt 1782. 8. (als Anhang zu einer
Ode auf das Geburtsfest der Erbprinzessin von
Schwarzburg.)

Wieland's (C. M.) Briefe über das Singspiel
Alceste (im Deutschen Merkur I. Bd. 1. St. 1773.)

Wolf's (C. W.) Vorbericht zu seinen affektvollen
Klaviersonaten (Leipzig, Qu. Fol.), als eine
Anleitung zum guten Vortrage beim Klavierspielen
(enthält besonders im Anhange einige treffende ästhe-
tische Bemerkungen). In seinem musikalischen
Unterricht (Dresden bei Hilscher 1788 Fol.) sind

dem Verehrer des verdienstvollen Komponisten in
ästhetischer Rücksicht manche Aeußerungen seines musikalischen Gefühls und Enthusiasmus interessant,
wenn gleich die Anwendung einer schärferen Kritik
in der Darstellung bisweilen vermisset werden
dürfte (beurtheilt in der Allg. Deutf. Bibl. 94. B.
I. St. S. 127 — 133.)

Eintheilung
der ästhetischen Betrachtungen über die Musik

Einleitung